探访乡村振兴

数字经济

进行时

丁道师 著

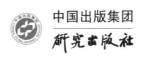

中国出版集团

研究出版社

图书在版编目（CIP）数据

探访乡村振兴：数字经济进行时 / 丁道师著. --
北京： 研究出版社，2023.1
　ISBN 978-7-5199-1385-4

Ⅰ.①探… Ⅱ.①丁… Ⅲ.①网络公司 – 关系 – 农村
经济建设 – 研究 – 中国 Ⅳ.①F279.244.4②F323

中国版本图书馆CIP数据核字（2022）第219740号

出 品 人：赵卜慧
出版统筹：张高里　丁　波
责任编辑：朱唯唯

探访乡村振兴

TANFANG XIANGCUN ZHENXING

——数字经济进行时

丁道师　著

研究出版社 出版发行

（100006　北京市东城区灯市口大街100号华腾商务楼）
北京隆昌伟业印刷有限公司印刷　新华书店经销
2023年1月第1版　2023年1月第1次印刷
开本：710毫米×1000毫米　1/16　印张：16
字数：182千字
ISBN 978-7-5199-1385-4　定价：56.00元
电话（010）64217619　64217612（发行部）

熟悉我的人都知道，自2015年以来，我辞去所有工作，全面开启下沉市场走访，试图寻找"让互联网的发展成果普惠到每一位人民大众"这个时代命题的新答案！

这六七年来，我行程数十万公里，足迹遍布祖国各省市。

在巍巍昆仑关下，我看到拔地而起的京东南宁电子商务产业园助力当地数字经济转型跨越发展；在阵阵风吼的张北坝上草原地区，当地工人给我讲述阿里云服务项目的建设进展，下沉市场也能承接主流市场的互联网服务运转需求；在古都大同的云州区，一间教室里，三五成群的农民结队赶来，学习先进的互联网电商知识……

在东北地区的盘锦市的一家河蟹合作社里，负责人告诉我，在拼多多平台的帮助下，盘锦河蟹摆到了广大居民餐桌上，帮助无数入社蟹农脱贫致富；在吕梁山区的三交古镇，一群世世代代靠天吃饭的农民，把烤出来的地方特产干馍馍，通过快手平台，销售到了全国各地；在积雪覆盖的黄土高原腹地，苏宁易购的工作人员开着铲车送货，又切换成小车，最后用人背肩扛的方式把家电送到老乡家里……

走访过程中，我先后写了《山西吕梁何以打造中国电商扶贫示范市？》《丁道师：为什么贫困县更热衷搞电子商务》《这个县有7万快手主播，副县长带头直播，举办直播培训班 农村电商扶贫打开了门路》《另一个世界，黄土高原上的O2O》《助力街边小店逆势增长，为什么是美团？》《下沉市场走访手记：返乡创业和乡村振兴》《下沉市场走访手记：行业领导者为什么是哈啰出行？》《下沉市场走访观察：双十一来到线下》《从单亲妈妈到百万带货主播："红姐"通过快手平台创业新生》《下沉市场走访观察：货拉拉遍地开花背后 疫情影响正消散》等上百篇下沉市场的走访选题。

这些选题有单刀直入的采访、谈话，也有大量独立观察和思考。

在搜狐工作的一位朋友和我说："你风尘仆仆、风餐露宿，多年走访，历经无数艰辛，获取到这么多第一手的资料和案例，价值非常大，也很有意义，你应该系统性地做一番梳理，把走访经历和思考写出来。"

"我不是已经陆陆续续发表了很多了吗？"我不解地问道。

"碎片化的发表和系统化的整理，是两个概念。互联网下沉背后是乡村振兴的大局，各类互联网服务下沉到县镇甚至乡村市场，不仅仅发展了当地经济，更为乡村人文和精神文明建设提供了助力。这条脉络必须系统化地阐述，才能完整地把你所看所思呈现出来，才更有意义。"这位朋友继续给我解释。

我觉得朋友说得很有道理，于是就有了这本书。

1

一直有人问我，互联网企业发力下沉市场，业务扎根广大乡镇和农村市场，到底改变了什么？

我们先看两张图。

第一张图是零售平台苏宁易购，为了给身在大山深处的一位农村消费者送货，因为山路不好走，出动了铲车，最后又配合人背肩扛，才把电器送到老乡家里。

第二张图，一些农民，一边耕田，一边用手机拍视频、做直播，

工作人员开着挖掘机下乡送货

呈现田间地头的生活状态。在农民进行直播的同时，身处几千公里之外的城市消费者，下单了一包包土特产。

这就是互联网下沉的两大历史价值，一为"下行"，二为"上行"。

"直播带货"中的农民

2

曾几何时，我在农村小卖部走访时，经常看到诸如"康帅傅""蓝火亮""脉劲"之类的山寨消费品堂而皇之地摆放在货架上，农村的消费者见怪不怪；我在一些乡镇家电门店走访时，了解到各类电器产品，售价普遍要高于城市商超；我还做过一次挨家挨户敲门走访，发现很多农村消费者使用过时的手机……

而现在，随着互联网平台尤其是电商零售平台的发展，业务不断地下沉、渗透到更广阔的村镇地区，中国广大村镇地区甚至偏远地区的群众，也可以和城市地区的消费者一样，第一时间享受到最新的产品给生活带来的改变。

消费平等了，城乡的差异逐步被抹平，身处非一、二线区域的广大消费者获得了更大的满足感和幸福感。北京朝阳区消费者可以第一时间购买到最新的新奇特商品，黄土高原上的消费者也能，双方基本没有时间差和价格差，这在以前是不敢想象的。

这就是"下行"的价值。

践行"下行"价值的企业有很多，包括苏宁易购、京东、拼多多、快手等。

以苏宁为例，苏宁结合零售、物流等内外部资源，以拼购、零售云、中华特色馆、苏宁扶贫实训店、家乐福等业务为载体，加快推动农产品"上行"和工业品"下行"。在2020年，仅仅零售云这一项业务，就累计为县域市场带来超2000万件优质商品，直接辐射上万乡镇，为2.5亿用户提供了优质的产品和服务，为推动农村产业升级，助力乡村振兴事业发展作出了直观且积极的贡献。

山西省太原市阳曲县的一家苏宁易购门店

3

如果说"下行"的价值在于弥补消费隔阂，那么"上行"的价值便在于填补发展鸿沟。换句话说，"下行"让乡镇居民买东西更方便，"上行"让乡镇居民卖东西更方便。

过去几年，我看到了国家和社会基础设施"道路""网路""脑路"的逐步完善，这些基础设施的完善再配合各大互联网平台，乡村居民通过互联网渠道"上行"各类农产品、地方特产越来越方便、快捷，老百姓的口袋越来越鼓。

以快手平台为例，其以直播电商为抓手，高效地连接起城乡、区域，为农产品"上行"开辟新的高效通路。2021年1—10月，快手超过4.2亿个农产品订单经由直播电商从农村发往全国各地，农产品的销售额和订单量与2020年同期相比分别增长88%和99%，这些订单增长的背后就是"上行"价值带来的经济效益。

与此同时，因为这些互联网平台的助力，带来了大产业机会，乡镇地区的群众拓宽了就业、创业的通道，找到了实现自我价值的机会。我经常提到山西省太原市阳曲县泥屯镇上的一位农村创业者，他通过加盟电商平台在镇上开了门店，解决了全家人的就业，每年新增几十万元的收入，生活发生了巨大的改变。

4

2020年，新冠肺炎疫情的出现在一定程度上影响了我的走访工作，所幸全国上下一心，不仅较早地打赢了疫情防控攻坚战，也在同年完成了历史性的"脱贫攻坚"。

在全面推进乡村振兴的号角吹响之际，我又开启了走访工作，在走访的过程中，接触了各种各样的人，听到各种各样的声音。我深刻地感受到，在脱贫攻坚的阶段，互联网新经济和电商企业们作出了巨大的贡献。而现在又进入全面推进乡村振兴阶段，这些互联网平台又将贴合各自的业务落地，带来更大、更深的价值。

我总结了互联网在乡村振兴中的三大作为，分别是：消费升级、产业赋能、人才培育。

（1）消费升级

2021年中央一号文件《中共中央　国务院关于全面推进乡村振兴加快农业农村现代化的意见》于2月21日正式发布。文件提到全面促进农村消费，加快完善县、乡、村三级农村物流体系，改造提升农村寄递物流基础设施，深入推进电子商务进农村和农产品出村进城，推动城乡生产与消费有效对接。发展线上线下相结合的服务网点，推动便利化、精细化、品质化发展，满足农村居民消费升级需要。

这些政策引导的方向正是各大平台努力的方向，比如菜鸟网络这几年的渠道下沉战略，苏宁物流开放战略和线上线下协同战略，美团社区团购的城乡和消费对接战略，等等。商务大数据监测显示，2020年全国农村网络零售额达1.79万亿元，同比增长8.9%。越来越多的乡村消费者通过互联网平台买到了好货，享受到了好服务。阳曲县泥屯镇的乡村消费者，因为镇上开了苏宁易购，他们坐在家里的炕上，就可以享受冰箱、洗衣机的送装服务，这样的生活在以前他们想都不敢想。

（2）产业赋能

这两年随着乡村振兴工作的不断推进，越来越多的互联网平台认识到要将乡村振兴当作产业化、常态化、规模化的工作来看。

2020年，腾讯与重庆彭水苗族土家族自治县达成合作，双方站在产业的高度，围绕"民族、生态、文化"三大旅游资源，推进全域旅游和"旅游+"发展战略。通过生态旅游、文创园建设、文创产品研发、成立教育基金等一揽子方案，全方位地促进彭水文化旅游产业创新融合，推动彭水乡村振兴。

阿里数字乡村赋能河北省保定市蠡县，打造蠡县麻山药产业。通过平台、流量、技术赋能，对蠡县麻山药产业大力扶持，借势打造蠡县麻山药区域公用品牌，助推全产业链整体结构优化升级，助力蠡县麻山药产品向高附加值转化升级。

全国人大代表、苏宁控股集团董事长张近东在2020年全国"两会"提交的《大力发展C2M生产基地 助农富农推动乡村振兴》建议中，提出通过统筹资源，打造以C2M（用户直连制造）模式为特色，以线上线下融合为主要销售手段的乡村生产基地，核心思想也是通过产业赋能推动乡村振兴工作。

（3）人才培育

人是一切工作的中心，乡村振兴离不开人才梯队的建设。人始终是实现乡村振兴的核心要素，应该大力吸引并培育信息时代"新农人"，激发乡村振兴的内生动力。

我们的互联网平台，早已认识到人才培育对乡村振兴工作的重要性。

快手发起了"乡村振兴官"项目，针对全国乡村的广大基层政务人员提供培训，让"短视频+直播"成为赋能乡村振兴的"新农具"；苏宁的中华特色馆也将全面铺开电商人才培训计划，下沉至乡村，手把手带训乡村青年；腾讯为村专家下乡，开展系列培训工作，为各地乡村干部和村集体电商平台负责人提供了学习、成长机会。

山西省大同市云州区电商服务中心的工作人员

学校是培养乡村振兴人才的重要体系，2019年以来已经有30余所高校制定了服务乡村振兴工作方案，13所高校成立了乡村振兴学院，为服务乡村振兴作出了积极贡献。

总之，中国几千年发展历史中，一直存在城乡差异，因为互联网的出现并且下沉，缩小了城乡二元差异，这就是互联网企业发力下沉市场带来的历史价值。

$Contents$ | 目 录

第一章　下沉市场的关键"三路"：道路、网路、脑路

第二章　数实融合

第三章　创业进行时

第四章　从扶贫到扶智

第五章　电商凶猛

| 第六章　街头烟火气

| 第七章　直播带货放光彩

第一章

下沉市场的关键"三路"：
道路、网路、脑路

2019年，中国数字营销发展大会的主题是"下沉再下沉"，我因为过往几年专注于走访下沉市场，于是被主办方邀请，探讨互联网下沉市场的相关话题。

在这次大会上，我分享了多年走访、研究成果——《下沉市场的"三路"》，这三路分别是：道路、网路、脑路。

道路：交通物流逐步完善，非山区村镇快递能送货上门。甚至在贫困县镇，如快递均可被送到集散地（村长家、小卖部、电商服务站等）乃至送货上门，不过目前在一些山区还无法送到村子里，但可以送达乡镇一级的集散地。

我去过的每个县下面的乡镇都建立了电子商务服务站点，品牌包括供销e家、乐村淘等。

网路：4G终端和4G网络的普及。这几年，我走访了静乐、赤城、代县、岚县、临县等几十个贫困地区，哪怕在山区，都能畅通地连接4G，当地农民花费几百元就可以买一部4G手机。三大运营商，为了响应国家扶贫政策，推出了廉价的资费套餐。

有一次去下沉市场走访，我深入山西吕梁山区最贫困的几十个村子，测试几部手机网络信号，得到令人欣喜的结果。4G信号的覆盖，意味着农民通过互联网平台，进行网络购物和农产品的"上行"有了可能。

这些成绩有赖于中国特色社会主义制度的优越性，发挥群力办大事。以中国联通为例，在施工过程中，面对车辆无法驶入的艰苦环境，施工人员肩挑背扛把油杆、钢线等物资运到指定地点，确保普遍服务建设工程顺利展开。

脑路：随着移动互联网和社交网络的发展，低线市场的互联网意识和新经济消费意识全面觉醒。在低线市场，除微信以外，最主要的三大互联网服务是电子商务、游戏、短视频。这些互联网服务在低线市场的风靡，打开了乡民的脑路，触网并且通过互联网消费的农民占比大幅提升。

在山西大同云州区走访时，了解到我的几个朋友袁永兵、李晶等人，返乡创业，搭建了云州电商服务中心，干起来"授人以鱼更要授之以渔"的事情。据悉，该区把电商人才培训列入精准就业培训重点项目，面向不同类型的贫困群众和电商使用者，开展电商扶贫普及、特色农产品网销技能、电商微商实操技能等多类型、多层次的培训。

山西吕梁将脑路建设提升到重要位置，聘请农村淘宝、联想、乐村淘等电商平台专家、电商创业成功人士、电商企业负责人作为青年电商创业导师，力争全年培训农村电商人才500人，扶持2—3个农村电商创业项目，为农村电商发展提供人才支撑和智力支持。

2021年双11在一片悲观论调中实现了难能可贵的增长，我又一次撰文《双11全网交易额近万亿，双11为什么依然能行》，提到"三路"的价值。在"道路"方面，我国99.98%的乡镇和99.82%的建制村通了公路，绝大部分农民在家门口就能买到全网商品，也能在家门口把农产品销售到各地；在"网路"方面，4G或5G网络基本普及，我不论是在黄土高原和内蒙古坝上草原走访，还是在偏远的农村都能连接高速的移动网络；在"脑路"方面，各地组织了互联网和电商学习的各类培训班和机构，越来越多的农民开阔了眼界，掌握了互联网服务和电商销售的知识，拥有了将农特产品通过互联网销售到各大平台的基层能力。以上三条道路的构建，是电商发展的基础，自然也是双11火爆并且高效履约的基础，这些基础有赖于中国特色社会主义制度的优越性，发挥群力办大事。

毫不夸张地说，之所以我们今天会讨论下沉市场，认为下沉市场大有可为，关键就在于当下的中国，关乎道路、网路、脑路这三条路的建设工作，取得了巨大进展，奠定了互联网在下沉市场发展的基础。将这三条路建设、发展、运营好了，下沉市场蕴含的巨大潜力就能激发出来，进而实现"让互联网的发展成果普惠到每一位人民大众"这个时代愿景。

现在，我结合过往多年的走访实践和观察，把"下沉市场的三路"展开来做一些分享。

道路

下图是一辆奔驰在西藏林芝市墨脱县道路上的快递车。

行驶在墨脱县道路上的快递车

西藏林芝市墨脱县海拔超过5000米，因交通不便，曾几何时是网购家电禁区。而在今天，随着我国各级交通道路建设体系的完善，"高原孤岛"有了被现代化互联网技术和物流网络连接的可能。2016年12月，通过京东大件物流配送体系，一台崭新的康佳双门电冰箱被送到了墨脱县的门巴族人拉杰家里，这是墨脱人民第一次网购大家电。墨脱人民网购大家电，背后是我国道路建设工作的辉煌成就。

"十三五"期间，我国累计完成新改建农村公路138.8万公里，全国农村公路总里程达420万公里，占公路总里程的83.8%。解决246个乡镇、3.3万个建制村通硬化路难题，新增1121个乡镇、

3.35万个建制村通客车，基本形成以县城为中心、乡镇为节点、村组为网点的农村公路交通网络。

通过研究墨脱县这个案例，我有了这样一番感慨：这是墨脱消费者的一小步，但却是中国电商乃至中国物流产业发展的一大步。这台冰箱的送达，意味着电商零售平台的大件物流体系实现了在中国大陆地区所有行政区县的覆盖；同时也意味着中国广大偏远地区的群众，可以和其他地区的群众一样，平等地享受到冰箱、彩电、洗衣机这些工业时代最具普世性的产品给生活带来的改变。

从生意的角度来看，大件物流配送范围深入茫茫的天路、崎岖的山区，似乎是不划算的举措。但从社会效益和物流产业发展乃至更高层次的人文价值来看，这样的举措无疑创造了历史，也体现了中国特色社会主义制度的优越性——在发展的路上不让一个人掉队。

墨脱消费者的经历只是中国现代物流覆盖能力的一个小小的缩影，东到乌苏江畔抚远，西到新疆乌恰大戈壁滩，南到中沙群岛，北到大兴安岭北麓漠河，无论高原、沙漠、森林、草原、山川、江河、湖泊、岛屿，电商零售平台均已覆盖这些地区的最后一公里。

当然，社会道路是基础，我们的零售平台要结合一系列现代物流新技术和新模式，利用好道路基础，才能发挥出价值。以京东为例，给墨脱县送冰箱之时，京东物流已经形成了中小件物流网、大件物流网和冷链物流网的三张网布局，拥有7个智能物流中心、254个大型仓库、550万平方米的仓储设施、6780个配送站和自提点。其中，中小件物流网已覆盖中国大陆93%的区县，211限时达（京东的一种物流配送服务）及次日达订单占比已经达到了

85%，大件物流网已全面覆盖中国大陆地区的县级行政单位，冷链物流网则通过七地生鲜仓覆盖全国，目前依旧在快速扩张中。

回望过往历史，让人唏嘘

中国电子商务早在1998年前后就已经萌芽，当时也诞生了诸如8848、卓越等一大批电商网站和平台，但最终无疾而终，其中重要的制约要素就是物流乃至大件物流体系建设的不足，导致配送终端乏力，消费者失去信心后远离了这些早期的平台。除了8848和卓越，包括新浪、搜狐、E国等在内的企业早年都曾涉足电商业务，但均无功而返。

曾几何时，我的家乡曾经是国家级贫困县，我住在乡下，每次网购后需要等十天半个月，然后步行再乘坐农村班车，行20公里的路进城取包裹。这样不便的网购体验持续了很多年。

这些年，随着我国基础设施地不断强化投入，一条条公路通向四方、一座座大桥横跨山区河流，公路、铁路、水路、民航全面发展，取得了举世瞩目的建设成就。我所在的地方，先是有了民航机场，后来又有了高速、铁路，村村通公路也早已成为普遍现象。

对于我来说网购方便了，现在下楼就可以取快递。对于其他村民来说，本来是没有网购习惯的，现在因为网上买东西送货高度便捷，也都纷纷加入网购大军，生活选择越来越多样。

2021年2月21日，中央一号文件正式发布。文件题为《中共中央 国务院关于全面推进乡村振兴加快农业农村现代化的意见》，文件提出，全面促进农村消费。加快完善县乡村三级农村物流体系，改造提升农村寄递物流基础设施，深入推进电子商务进农村和农产品出村进城，推动城乡生产与消费有效对接。

一切变得越来越好。

值得一提的是，下沉市场的"道路"，既有看得见的道路，也有看不见的道路。一些地区这两年又开展"空中道路"的基础设施建设工作，并且取得了一定进展。

以陕西为例，有很多消费者生活在山区，交通运输不便，以目前的技术环境，用无人机来解决山区和黄土高原的区域物流配送问题，是最经济、最高效的方式。所以陕西省政府从政策层面支持无人机物流试点，为无人机运输提供试验田。

这两年，响应"物流飞天"政策的企业越来越多，我们有理由期待，各大电商和物流巨头开启新一轮下沉市场"物流飞天"竞赛，将会大大加快农村山区物流难题解决的步伐。

网路

这两年，我在黄土高原的广大农村地区走访时，经常能看到在田间地头"直播+带货"的农民，农民一边耕种或者收获，一边介绍当地的特产美物、风土人情、饮食习惯，拉家常和买家观众交朋友，然后把产品销售出去。

这就是一种典型的"通过展示生活、生产方式，带动农产品上行，进而脱贫致富"的直播方式，值得大力推广、应用。

这种应用已成为农村生活常态，它的背景在于中国通信网络几乎无死角地覆盖，在于移动终端（主要指手机）几乎普及到人手一部。

公开的数据显示，截至2021年3月，在工信部、国资委以及三大运营商、铁塔公司的助力下，农村信息基础设施进一步得到完善，全国范围内行政村通光纤和通4G比例双双超过98%。农村网民规模达到3.09亿，农村地区互联网普及率在去年年底达到55.9%，全国832个国家级贫困县网络零售总额达到3014亿元，同比增长26%。

众所周知，农村有大量老年人，很多人认为这个群体是移动互联网的荒漠地带，也是智能手机的荒漠地带。通过走访我发现，现在大部分的老年人用上了智能手机，品牌以国产为主，包括华为、小米、荣耀、OPPO、vivo等。老年人使用网购、短视频、社交等服务，已经成为生活的一部分。

因为有了互联网的高效覆盖，下沉市场居民的生活发生了巨变。有韩鹏宏这样的农民每天晚上吃过饭后就在快手"斗歌"，代替了以往打扑克、搓麻将的夜生活（长期下去，对助力农村社会治安有帮助）；有峪口镇"徒步未来网红"的大叔，拉车徒步去三亚，一路传播山西文化；有"吕梁十三红"张文连这样的传统地方歌手，带动一帮姐妹进行短视频演出，通过灵活就业实现创业致富……

"徒步未来网红"是一位老农民，他徒步走遍中国大地，一边直播一边欣赏祖国的山水风光。他的行程，无形中也检验了中国通信网络的覆盖能力以及稳定能力。我关注了他几个月，从中国北方到中国南方的一次徒步行程中，连续几个月的视频直播，几乎没有出现断网、宕机、卡顿等现象。我也去过欧美和东南亚的一些国家，体验过他们的网络供应能力，经过对比，不得不让人感慨，在如此幅员辽阔的国土上能实现几乎全程的网络稳定供应，只有中国做到了。

事实上，数字乡村发展工作一直是各方工作的重点。早在十多年前，包括联通在内的三大运营商就开展了大规模的"手机下乡""网络下乡"补贴，比如在2009年，联通就发起了相关活动，山东、河南、四川、内蒙古、辽宁、黑龙江、安徽、湖北、湖南、广西、重庆、陕西的农民朋友在中国联通自有营业厅购买"家电下乡"指定手机，不仅可享受政府13%的购机补贴，还可享受中国联通的话费优惠。这几年，几大运营商和手机厂商也都积极响应政策，各显神通，发挥优势资源和能力，将互联网基础设施建设和设备迅速地普及到各级村镇。

我国在推进数字乡村工作层面，发挥中国特色社会主义制度优势，没有考虑太多商业得失，而是尽可能地让现代化网络设施普惠到每一个角落。我经常走访一些人口数量只有一两百甚至几十人的村子，在这些村里基本都能畅通连接4G网络。有很多次，我的文章就是在村里写出、发布的，几乎没有任何卡顿、延时，这样的经历甚至让我有了"归园田居"的欲望。

4G之后，5G建设也在下沉市场如火如荼地开展，并且各省市已经落地了一些"5G+"农业物联网案例。

我在大同走访时，了解到当地正在将地方特产黄花菜做成大产业。大同移动在当地落地了"5G+智慧农业"项目，通过云平台进行无人机作业管理和监控，随时随地监控病虫害和作物状况，对病虫害进行高效控制，实现农田的数字化管理。另外，农业生产中涉及的阀门、水泵和施肥机也可以远程无线控制，大大提高了作业效率。

5G网络的出现和普及，不但让来自全球各地的人可以面对面地交流、沟通、学习，也使在网络上进行会议的召开、医疗的会诊、商务的谈判、商品的交易都成为可能，而且让看似远离互联网的传统产业，比如农业、工业、制造业也全面融入互联网，进入提质增效的发展快车道。

以农产品直播带货为例，有了更高速、低延时、更大带宽的5G之后，直播带货可以在田间地头，可以在流水生产线，可以在客厅后厨，可以在任何有人或者没有人的地方展开。

5G给工业带来的价值，更具想象力。我在湖南山河智能公司走访时，看到一座小土堆上，有一台无人挖掘机在作业。这是全球先进的5G无人挖掘机，因为有了5G，远程操作成为了可能。这种无人挖掘机，可以适用于各类有危险性质的环境，比如泥石流滑坡、危化品现场作业等。在5G网络的支撑下，山河智能打造了智慧矿山成套建设方案，比如无人驾驶技术、遥控技术、5G通信技术、大数据技术、物联网技术等。

山河智能研发的5G无人挖掘机

由于高速低延时的特性，5G在"无人化"领域取得了诸多突破。我在山西、安徽等地的一些博物馆、艺术馆走访时，发现猎户星空生产的机器人，开始批量上岗。

猎户星空推出的智能机器人

在山西地质博物馆参观时，一个穿着制服的机器人"接待员"，全程带着我参观。这个机器人比真人更有耐心，我边听边记，学到了很多新的知识。通过这个机器人的讲解，我第一次知道了在山西大同也有不弱于内蒙古乌兰哈达火山的自然风光，我进一步了解了古人测量天文地理的辛劳工作以及用到的智慧工具，我像个小学生一样感慨大自然的伟大，感叹文明进步给我们这个世界带来的改变。

安徽名人馆也是如此，本来被看作渡江战役纪念馆的附属馆，存在感不高。后来与猎户星空合作，用了和山西地质博物馆类似的方式改造升级。这些机器人头戴官帽，身披官服，化身"小包拯"，用各种"花招儿"吸引参观者，现在安徽名人馆知名度大幅度提升，成了网红打卡地、安徽新地标。

脑路

俗话说"授人以鱼，不如授人以渔"，当身处中国三至六线城市的广大居民的"脑路"打开后，下沉市场的发展局面就打开了，乡村振兴战略的局面也就打开了。

我们很欣喜地看到，广大互联网企业都已经认识到，农村扶贫、乡村振兴的关键在于扶"智"，在于振"智"。

山西吕梁地区组织的电商培训班

透过这几年全国"两会"委员、代表提案，可见一斑。包括马化腾、张近东、杨元庆等中国主流的几家科技巨头掌门人，纷纷以人大代表或政协委员身份，就"打开脑路"推动乡村振兴建言，并且给出了很多切实可行的落地举措。

比如全国人大代表、腾讯董事会主席兼首席执行官马化腾在《关于积极利用数字科技促进乡村振兴、推动共享发展的建议》中提到，没有特色产业、缺乏人才，是农村网民认为目前农村面临的主要问题。农村网民对互联网技术在农村的推广应用诉求迫切，超过九成网民希望尽快在农村推广互联网技术。

现在我们的互联网企业，也有了很多关于"振智"和"扶智"的实践案例。

腾讯上线了一个"为村"的平台，这个平台可以理解为一个类似微信页面的农村服务平台。它能帮助村民了解乡村动态、获取最新农业信息，当然也可以链接电商服务，助力当地农产品上线。

这种服务平台某种程度上就是一个打开农户"脑路"的振智平台。这也是马化腾在建议中提到的"应大力提升农村数字化生产力，加快弥合城乡数字鸿沟，推动农业高质量发展和乡村全面振兴，让广大农民共享数字经济发展红利"理念的一个承载体。城市里有的，农村也应该有，见识多了，自然振智，开了脑路，自然要想办法把信息利用起来，创造财富。

振智的目的在于和体系化的产品联动，让乡村振兴能够理论结合实际。像苏宁这样的综合零售电商平台，通过实践，拥有电商扶贫实训店、村级加盟服务站、农村电商学院、中华特色馆、大聚惠等一批线上线下精准扶贫载体，探索出了"C2M生产基地"模式。

以苏宁易购电商扶贫实训店为例，这一模式主要是为贫困农户提供定向就业和培训，实现"授人以渔"的扶智、振智。截至2019年，苏宁易购电商扶贫实训店已在全国百个国家级贫困县落地，每年培训几十万人。

我在岚县走访时，特别注意到岚县的苏宁易购店也承载了"扶智"的作用，通过电商培训、联动创业孵化等形式，打造扶贫实训店，把最新的电商运营技能和互联网理念传递给当地有志青年。随着在苏宁易购店的实训，极大助力他们提升农产品品牌经营意识，最终实现双向脱贫致富。

京东在各地成立了电商创业园区，组织了各种学习和培训，越来越多的农民开阔了眼界，掌握了电商销售的知识，拥有了将农特产品通过互联网销售到各大平台的基层能力。

正在深入下沉市场的外卖平台，也践行"授人以渔"的行业责任。以美团为例，推出了"餐饮新掌柜"计划。这个计划在推出后的三年发现并培养了100万既懂线下经营又懂线上运营的"餐饮新掌柜"，通过升级商家服务体系、商家成长体系以及人才培养体系，助力餐饮商家数字化经营，共赢双主场时代。

还有运营已久的美团大学，更是一个"授人以渔"的大本营。商家通过美团大学，甚至可以学到"如何提升出餐效率""快速打包""如何推动顾客下单"这种细致的技能。

一位常年和美团外卖合作的中小餐厅店主，在小区内开了一家面积大约20平方米的串串店，通过学习，提升了运营技能，每天能接到50单以上的订单，单日流水达到1000元左右。

当然，乡村振智也离不开基础教育。我曾经走访了国内几十个贫困区县，接触了很多乡村学校以及公益机构负责人，深刻地感受到教育尤其是贫困地区的乡村教育，最难能可贵的不是软硬件的投入，而是能否拥有一套传承不息的综合体系。很多科技企业认识到了这点，以联想为例，从2004年开始，联想连续16年在甘肃、贵州、宁夏等多个省区市开设"联想进取班"，让贫困家庭的孩子平等接受现代化教育；苏宁多年来持续投入资金，通过"筑巢行动"为云贵川陕地区孩子修建校舍。苏宁已为贫困地区73所小学建设"苏宁校舍"，3万多名贫困地区学生因此受益。

　　在走访中，我注意到农村电商服务站已经普及，我去过的每个县下面的乡镇都建立了电子商务服务站点，品牌包括供销e家、乐村淘等。

　　最让我惊讶的是山西省长治市武乡县革命老区，曾经的八路军总司令部驻地，也是山西省的35个国家级贫困县之一。这个太行山区的贫困县，几乎正在举全县之力搞电子商务，路上几乎每隔两三公里就能看到一个电商落地的实体店，这其中有京东的，

各地开展的农村电商服务中心

也有淘宝的，还有乐村淘（山西本土品牌）的，林林总总不一而足。

脑路打开了，互联网电商的销路就打开了。静乐县的枣夹核桃解放思想拥抱电商，参加了京东的一次促销秒杀，仅仅用了1个小时，就卖光了3万斤，超乎预期；柳林县的"荞歌碗团"，成立10余年来发展平平，自从"触电"后仅仅天猫一个渠道就销售了超过百万个碗团，现在早已经成为地方明星企业……

这两年电商服务站又覆盖到村一级别，当下电商服务站覆盖之密集，比当年的中国移动店面都要深入。这些服务站起到的作用包括电商代购、培训服务、农特产品展示等，这些站点都将成为外界了解地方的一个窗口，自然也成为帮助乡镇居民打开脑路的窗口。

第二章

数实融合

阿里巴巴牵手湖南制造：
打造后疫情时代逆势增长新范本

这一次，我又来到了湖南长沙。相比上一次的"逛吃"之旅，这次吸引我来湖南的是一份振奋人心的数据。

众所周知，2020年前半年因为疫情的影响，各行业均受到了不同程度的影响。据海关统计数据显示，2020年上半年，湖南省装备制造业逆势增长，进出口总值523.4亿元，比上年同期增长38.7%，其中对"一带一路"沿线国家装备制造业进出口增幅近七成。

山河智能生产车间

为什么？疫情期间，湖南制造业凭什么跨越了如此不利的"疫情黑天鹅"周期，进而实现放量增长？

带着这样的疑问，我密集地开启了制造业走访之旅。为了使获取的样本更客观、更有代表性，我分别走访了年产值百亿级、十亿级、亿级乃至初创期的一批企业，探寻大中小型企业在非常时期的发展之道。

阿里巴巴牵手湖南，合力打造后疫情时代制造复兴新范本

在湖南期间，我重点走访了山河智能（百亿级）、中谷（十亿级）、霍力柯尔（亿级）以及被德国同行学习的优钻等制造行业优秀企业。

作者丁道师提问受访企业

这几家企业都做外贸生意，都在疫情期间实现了逆势增长。在走访的过程中，几乎每一家企业都和我提到了阿里巴巴国际站。山河智能创始人何清华表示，山河智能很早就开始应用信息

山河智能创始人何清华分享

化产品，尝试数字化转型升级，这几年借助阿里巴巴（国际站）平台，通过互联网化的方式来进行产品的展示和销售。2020年参加了阿里巴巴的线上工业展，还试水直播带货，通过这些方式，在疫情期间和客户保持了良好的联系。

中谷科技总经理杨三梅说，中谷的无人售货机在疫情期间实现了30%的增长，其中有六成的新增用户线索来自于阿里巴巴国际站。

还有一家当地的企业负责人提到，多年前，做机械制造的生意，阿里巴巴国际站就是标配，这在行业早已经成为共识。后来阿里巴巴国际站又推出了信保服务（备注：信保可以简单理解为ToB交易的支付宝），大宗商品的网络交易更放心，进一步激发了商家通过阿里巴巴国际站生意往来的积极性。疫情期间，各类线下展览全部停摆，阿里巴巴国际站又适时地推出线上工业展，给各方提供了一个共同往来、信息互通、贸易促进的新机会。

这里我们提到的阿里巴巴国际站线上工业展，是2020年7月27日阿里在湖南长沙举行的"中国重工新外贸峰会"上，正式开始上线的。

阿里巴巴启动线上工业展

线上工业展和重工新外贸峰会为什么选择在湖南落地，这似乎是一个不需要过多解释的逻辑，阿里巴巴国际站是全球最大的B2B平台，湖南是中国领先的制造强省，双方合作有很多业务共通点和价值共融点。

我在走访时感触最深的一点在于，阿里巴巴通过输出平台能力，赋能湖南制造，给湖南制造提供了新工具、新思维，以及数字化平台。反过来看，湖南制造通过阿里平台的出海，也为阿里巴巴倡导的"让天下没有难做的生意"理念写下了坚实的注脚。

阿里巴巴牵手湖南，合力实现的后疫情时代制造复兴的这些奇迹，无疑也打造了一个新外贸时代的新范本，值得行业学习借鉴。

从理念到实践，新思维新服务何以助力新外贸危中取机

数字化能力是新外贸的核心能力，而阿里巴巴国际站又是各方开展新外贸的主要平台和载体。

在2020年7月27日的峰会上，阿里巴巴发布了一份数据，2020年上半年，阿里巴巴国际站新外贸交易额同比增长80%，

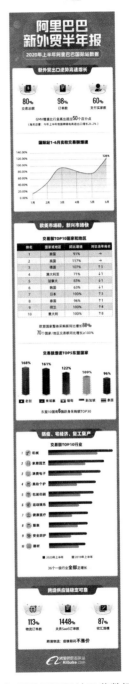

阿里巴巴国际站运营数据

订单数同比增长98%，支付买家数同比增长60%。工程机械产品是中国外贸出口的大品类，也是阿里巴巴国际站的第一大行业。上半年，工程机械类产品在国际站的订单数月均增速达119%。

这些亮眼的成绩，背后就是在数字化浪潮时代，新外贸带来的新思维、新服务变革的结果。在这其中有理念的指引，更有实践的落地支撑。

比如，2020年，阿里巴巴时隔11年又启动了春雷计划，其中重要的一条措施就是助力外贸升级线上突围。阿里将依托速卖通、Lazada、天猫海外等平台，助力中小外贸企业出海，实现海外线上"云拓客"；阿里国际站也将帮助线下外贸企业搭建面向全球的线上展馆；阿里还将联合各地打造地方特色数字化商贸市场和数字化产业带。

这一次举行的线上工业展，以及推动各大企业直播触网，无疑就是助力商家云端"拓客"的具体落地举措。

阿里巴巴不仅仅提供了新外贸平台和工具，更提供了成体系化的新外贸思维。优钻的创始人申德义表示，相比生意上带来的帮助，他更感激阿里巴巴给他思维方式以及组织管理提升层面带来的变化。比如，阿里巴巴举行的培训和游学活动，让他学习了同行的先进经验，重塑了他对电商和营销的理解。通过阿里的跨境网红训练营，学会了直播带货，

丁道师走访湖南优钻

新增了大量的询盘潜在客户。

非常时期一定要有非常作为，才有非常之功

一段时间以来，有一股风气在中国企业界广为流传，大概意思为："2020年受到经济下行压力和疫情的双重不利因素影响，作为企业，现金流第一，最好不要折腾，不要发展，不要投资，不要出海，活下来最重要。"

我多次撰文反驳了这种思想和观点，在我看来，越是在非常时期，我们越应该积极部署，去探索更多的可能性。

无独有偶，近期媒体人秦朔在和阿里巴巴国际站掌门人张阔在一次对谈中，也提及了类似的观点。在秦朔看来，传统外贸以前是时代红利，未来需要2.0升级，升级的关键在于创新，疫情加剧了过往的固有矛盾，倒逼企业创新升级。张阔也认为，进入2020年，摁下了加速键，就像是跑一场马拉松，原来是12小时跑完全程，现在是4小时跑完全程。这里面确实有些跑得慢的会出局，但是整个线下的经济走向线上的步伐加快了。

从辩证思维的角度来看，凡事都有两面性，疫情危中有机。"机"的一方面在于，非常时期一定蕴含非常机会，谁能在这个非常时期保持创新力并且推出承载创新力的新品，谁就能获得比平时更多的用户信赖和市场关注，获得非常之功。

另外，因为疫情的出现，行业巨头为了保持稳定的发展，往往畏手畏脚不敢轻易有所动作。这恰恰给了新锐品牌或者中小企业大刀阔斧创新的机会。我在霍力柯尔的研发车间走访时，看到不同作业线上的工程师都在马不停蹄地搞产品研发和设计，一点时间都不敢浪费。这家企业的创始人胡魁介绍说，非常时期没有退路，只能向前，2020年除了优化平台资源之外，还要继续基于

数字化营销做大量投入，获取更多线上流量和客户。

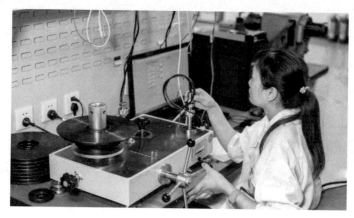

霍力柯尔研发车间

还有做无人售卖机的中谷，在疫情期间，秉承"无接触交易"理念，出口了一大批无接触式的零售货柜产品，还积极涉足口罩、药品等防疫物资的无人售卖，在疫情期间取得了30%的增长。

体验中谷无人售卖机

正所谓，非常时期，举非常之力，成非常之功。所以，我们发现，阿里巴巴在疫情期间发起了"春雷计划"，推出了"在线工业展"，举行了一系列的企业赋能活动。而包括湖南等在内的多地企业、机构、政府部门也积极参与响应。各方都认为，疫情危中有机，只有危中取机，才能为以后的发展蓄力，进而谋求更好更大的发展。

我们按照2003年防控非典的经验以及2008年经济危机的复苏经历来看，疫情过后市场将迎来报复性增长，对于在疫情期间有所作为的企业，有望在疫情过后享受到更多的市场红利。

德阳数字农业走访：
上"链"到底给农产品带来什么价值？

德阳数字农业走访：农产品上"链"

在对德阳、成都等地走访时，我随身携带的一本手头读物是《江村经济》。

费孝通的这本经典著作，在分析乡村发展改革时，提到一个论述：占有新知识的群体没有直接使用知识，而需要这种知识的群体又没有机会获得知识，要使变革力量在村中起作用，中间必须有一座桥梁，这是重要的。

这是对乡村振兴的绝佳论述，在今天依然有其深刻的现实意义。当下，以腾讯等为代表的科技互联网企业，正在构建这座"中间桥梁"，把新知识应用到需要它的广大农民身上，进而推动农村发展变革，助力乡村振兴事业向前发展。

我在德阳旌阳区的农村地区走访时，注意到当地政府连同腾讯（腾讯安心平台）、洞洞科技等企业，推出农产品溯源服务——旌阳链。

让农产品上"链"，就是把新知识、新生产力传递给新时期农民的一种方式，上"链"也是农产品数字化的关键一环，上"链"到底将创造怎么样的价值，是我们关注的重点。

上"链"带来的四重价值

图中的这位农业带头人叫李本国，看着即将成熟的桃子，李本国咧嘴笑了。

农业带头人李本国

李本国早年在大城市经营过酒店、商超，后厌倦商海沉浮，2016年返乡创业。他在德阳承包了300亩山地，创办蜀锦汇，投身乡村振兴。蜀锦汇公司动态雇用数人至数十人的当地农民，李本国在实现自我价值的同时，给乡民创造灵活就业机会。

2021年以来，在当地农业局等部门的介绍下，李本国接触到了腾讯安心平台，这个平台有区块链技术，可以帮助农产品上链、溯源。李本国在大城市闯荡多年，很快就看到农产品上链的价值，接入了腾讯安心平台。

有机肥料

生态无公害

坚持生态有机的种植方式，采用物理除草治虫、生

腾讯安心平台防伪溯源截图

仅仅半年时间，局面就此打开。李本国告诉我，他的农产品接入这个平台后，带来了四重价值。

一是赢得了消费者信任。消费者只要打开微信，扫描包装盒上的二维码，就能知道他（吃）的桃子、李子从种植到收获的全流程，相信买到的产品是绿色生态无污染的好东西。

二是提高了企业自身管理效率。以前农产品种植生产过程都靠手工记录，这种数据没有进行数字化利用。现在，他在后台就能方便地查询、管理相关数据，进而反馈到种植经营改善。

三是便捷了政府管理。有关部门通过数据平台，就可以获知企业的生产情况，提高政府职能管理效率，比如哪个环节有没有打农药过量，哪个环节操作是否不当，都可以便捷地管理或者支持相关农业企业。

四是可以更好地获得信贷支持。农业生产往往需要贷款，以往银行不敢轻易给农业合作社、农场放贷，是因为不了解农场的实际经营状况。现在好了，每一个桃子都全流程数据化了，银行等金融机构对企业从生产端就可以深度了解相互情况，就可以有针对性地进行精准放贷。

李本国告诉我，德阳旌阳区这边有1000多家家庭农场，其中有100多家加入腾讯安心平台。他们正在组织各种类型的培训班和讲座，帮助农场更好地上链，进行数字化转型升级。

变革经营模式

对于农村农业来说，上区块链平台不仅仅是数字化的开始，后续的经销渠道拓展，则是更大的价值。

对肖勇的走访，给我留下了深刻的印象。

羊肚菌大王肖勇

1981年出生的肖勇，是当地远近闻名的羊肚菌大王。

羊肚菌大概从10多年前开始被进行大规模人工栽培，从此逐渐出现在大众的餐桌上。肖勇告诉我，很多人提到羊肚菌首先想到云南，其实四川才是中国羊肚菌第一产量大省。

羊肚菌被称为"致富菌"，在一些地区，每亩的经济价值能达到3万元左右。不过羊肚菌栽培有较高门槛，一是投入大（每亩大概要投入8000—10000元）；二是技术要求高（需要种植者掌握一定技术），因此一般农民不敢轻易冒风险种植羊肚菌。

肖勇种植羊肚菌成功后，他开始承担起农业带头人的责任。肖勇创新了一种合作形式：种子免费提供给周边农民，同时向农民传授相关技术，农民只需要提供土地和劳动力。农民种植完成后，肖勇的公司回购羊肚菌（收购价格根据市场情况波动）。通过这种方式，农民每亩只需要投入2000元，而且不需要操心市场和销路，大大降低了风险。

这种创新合作，激发了周围乡民的致富积极性，纷纷和肖勇合作。肖勇告诉我，这种模式推行后，带动了100多户农民参与，2021年合作农户加起来创造了大约1000万元产值。

不过，肖勇也有头疼的事情，目前他们的羊肚菌以面向全国批发为主，流水虽然不少，但利润很低。如何进行品牌升级，面向全国的消费者直接销售羊肚菌，是肖勇想突破的事情。

肖勇想了很多办法，后来加入当地政府打造的旌阳链（前文提过，这是当地政府联合腾讯等公司推出的一个区块链溯源平台），就此接入腾讯安心平台。用区块链技术实现羊肚菌生产经营全流程数字化，进而获得消费者信任，让消费者敢于闭着眼睛购买他的产品。

在肖勇这个案例中，上"链"可以帮助到农产品，由以前的ToB为重，转移到ToC为重（这个过程正在进行），进而有望带来利润和品牌价值双增长。通过这个案例，可以看出上"链"不仅仅便捷了农产品数字化管理，最终进一步变革了经营模式。

经营模式的变革，在提升综合效益的同时，也带来了更深层次的农村农业结构变革。像肖勇这样的"羊肚菌大王",他们的生产力可以进一步释放,进而带动更多的乡民一起致富。这个价值和意义非常巨大,值得进一步挖掘。

亟待加速复制落地

再先进的"新知识""新技术"如果缺乏有效的落地能力,都是一纸空文。

从我这些年在各地走访来看,农产品溯源这个理念,早在很多年前就形成了共识,并且近年也出现了一批溯源服务。然而受限于技术能力、产品能力、一体化服务能力等制约因素,绝大部分的农产品溯源服务都成了空架子。在一些地区,超市就有农产品溯源设备,外形类似银行的自动业务办理机,这些机器大多呈现"吃灰"状态。

腾讯的入局,改变了这种局面。2021年8月,基于区块链、一物一码、品牌保护、营销风控等技术积累,腾讯安全发布了"腾讯安心平台"。

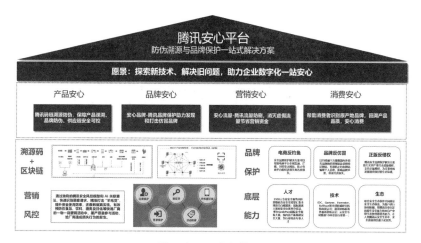

腾讯安心平台架构图

腾讯安心平台相对传统溯源方案，在权威性（官方背书）、全流程追溯（打通各环节数据点）、数据不可篡改（区块链技术）、便捷操作（微信直接扫一扫）等方面呈现出显著优势。

在李本国、肖勇们受益于腾讯安心平台的同时，全国大部分的农产品生产还没有上"链"，这不能不说是一种遗憾，以及无形的损失。

以临县为例，这个地方是中国第一红枣种植大县，每年红枣产量超过4亿斤。临县所处地带气候温和、热量丰富、光照充足，红枣好吃有营养，属于红枣中的精品。不过临县红枣长期面临一个问题——不能自证这些优势，导致了销量遇阻，有好多连片的红枣地枣子成熟后没有销路，最终烂在了地里，倍感可惜。

烂在地里的红枣

　　另外，像盘锦河蟹、壶口苹果、大同黄花菜等地方农特产品，也亟须上"链"，亟须接入腾讯安心平台，进而破解信任难题，打开用户端的销售窗口。

　　期待李本国模式、肖勇模式可以复制到这些地方，也复制到其他省市地区，创造更大的价值。

　　数字经济与实体经济的融合发展，已经成为时代新命题，农业数字化是数实融合这个命题的破题入口。

　　对于腾讯这种企业来说，推进数实融合，扎牢农业数字化工作，做好技术平台还远远不够。接下来的工作重点，就是要联合各地机构和合作伙伴，让腾讯安心平台等服务落地到更广阔的地区，深入更多维的应用场景，探索更多新可能。

合肥科大讯飞走访记：
人工智能大幕徐徐拉开

AI，无所不能。

2019年10月，我受邀来到中国国家人工智能大平台之一的科大讯飞走访，系统性地了解了人工智能在各个行业的落地应用，同时得以一窥那些未经公开应用的人工智能黑科技产品和服务。

科大讯飞总部

应用科大讯飞语音合成AI技术，使得已经离我们远去的配音大师李易老师的声音重现人世；当我们的汽车厂商跨界和科大讯飞合作后，驾驶员一个语音指令除了可以完成车载导航屏幕的控制以外，还能实现天窗、空调等更深层次的语音操作控制，彻底解放双手，提高驾车安全性；司法部门应用刑事案件辅助系统，实现了卷宗自动编目、案情要素抽取、讯问提纲生成等，帮助检察机关工作人员提高效率、减少错误、减轻工作量……

这些深入我们生活、工作的案例正在常态化地应用在各行各业，让人叹为观止。

参观完展厅后，漫步在科大讯飞总部园区，我一直思考一个问题："中国基础科技创新落后了国外那么多年，为什么在人工智能时代，中国可以实现弯道超车，并且扮演了引领者的角色，率先落地了那么多的应用服务？"

在我看来，随着中国国力的日益增强，在政策和市场环

丁道师走访科大讯飞

境等多种因素的助益下，我们拥有一大批包括华为、科大讯飞、BAT等敢为天下先的企业，刻苦进行基础研发，并且联动一众生态合作伙伴，立足场景应用需求，不断地推出可落地的产品和服务，才有了今日之局面。

现在，拥有一大批自主知识产权的科大讯飞，正在以更快速的步伐进入更深层次的应用领域，这是我们今天所要讨论的重

点话题。

人工智能只有想不到 没有做不到的全场景应用

我们现在所处的互联网，大概经历过三个阶段。第一个阶段是PC互联网时代（娱乐互联网时代），第二个阶段是移动互联网时代（消费互联网和应用互联网时代），第三个阶段是产业互联网时代（万物互联的人工智能时代）。

传统互联网满足的是娱乐需求和消费需求，而现在以人工智能为代表的产业互联网时代，解决的就是产业问题，也就是和我们生活、工作、生产更息息相关的医疗、教育、出行、农业生产、工业制造等领域的难题。

像科大讯飞这样的人工智能巨头，所要做的事情就是深入更多的产业，为各大产业提供价值。

以医疗行业为例，讯飞智慧医疗服务"智医助理"，为基层医生提供智能随访、慢病管理、辅助问诊、辅助诊疗和用药建议，提高基层医生的诊疗水平、诊疗效率和服务质量，助力分级诊疗、双向转诊。在具体应用中，试点区域内的高血压控制率从42%提高到78%；为安徽51家县级医院和新疆皮山县提供诊疗服务，进而通过人工智能辅助诊疗技术提升偏远、贫穷地区的一线医生的诊疗水平。

截至2019年，科大讯飞已经与89个行业合作，在教育领域，科大讯飞已经和全国成千上万所学校达成合作，未来对几十亿全球孩子实施因材施教；在消防领域，科大讯飞的人工智能设备装载在消防设备上，一个人可以同时控制20台消防车，用语音精准地告诉每一个消防车前进距离，降低危险，提升效率；在养殖行业，科大讯飞在洛阳当地最大养猪场，用讯飞的人工智能技术自动判断猪是否生病。

侧观1024大会：AI不是科大讯飞的独奏乐，而是全行业的共鸣曲

在笔者看来，关乎AI的诸多基础研发和生态虽然是由科大讯飞开发或者发起的，但人工智能不是科大讯飞的独奏乐，而是整个行业的共鸣曲。除了科大讯飞这个平台性的企业，还要有无数的第三方开发者和企业参与其中，才能实现真正意义上探索人工智能的诸多可能。

2019年10月24日，科大讯飞在合肥举行了"第二届世界声博会暨2019科大讯飞全球1024开发者节"，这场开发者大会信息量非常大，讲了很多干货，相关的媒体报道已经有很多，我这里不再赘述。这场大会其实主要释放了一个信号：科大讯飞不愿意独享人工智能带来的红利和效益，而是秉承开放的心态，让各方参与进来，共享科大讯飞发展带来的产业红利，进而合作共赢。

多年来，科大讯飞通过投资赋能、开

讯飞开放平台演示

放体系、孵化器模式、培训体系、能力星云等服务和赋能体系，极大地优化了合作伙伴的创业创新效率和成本，成为广大合作伙伴"水"和"电"一样的基础设施。科大讯飞开放平台目前已经集结了160万合作伙伴，成为国内最大的人工智能开放平台。

比如在"授人以鱼，不如授人以渔"这个层面上，科大讯飞升级了AI教引计划，就是要打造学习平台，提升整个行业的AI学习能力。据悉，AI教引计划3.0既有鼓励学员参与到人工智能学习中的AI大学摘星计划，也有更专业、全面、自由的卓尔AI竞赛平台，更有坚持"以AI产业工程师能力模型为导向"和"教学与AI产业场景融合"，并将在线下首批服务100所高校，计划培养10万AI产业学员的AI Lab。同时，科大讯飞联合创始人胡郁表示，科大讯飞目前已经扶持了1800家生态企业，未来，科大讯飞将重点投资1000家优质企业。

科大讯飞全球1024开发者节

对iFLYOS也进行了升级，拥有"新协议，秒响应""图形化开发，个性化配置""服务更多行业解决方案"等特色，为更多行业的开发者提供更灵活、更轻松的设备定制能力；讯飞AI服务市场功能升级则主要是实行"工商+授权+实地"三大认证标准，建立更高保障的服务商诚信认证体系，同时，将全面取消保证金，降低服务商入驻门槛；专用AI定制芯片则集合了科大讯飞自主设计的AI加速器和深度神经网络算法，具有高灵活性、高集成架构和高可靠性的安全机制。

科大讯飞还在全国设立6个孵化器，为开发者提供免费场地、优惠税收政策和典型应用场景支持，并通过"讯飞产投"提供资金支持。

毫不夸张地说，我们广大的创业者、开发者，如果能利用好讯飞提供的这些服务体系，创业将变得更加简单，实现"拎包入住"。

国家级的人工智能平台 何以助力中国AI实现产业升级？

众所周知，科大讯飞是国家新一代人工智能开放创新首批四大平台之一。这首批四大平台分别是：依托百度公司建设自动驾驶国家新一代人工智能开放创新平台，依托阿里云公司建设城市大脑国家新一代人工智能开放创新平台，依托腾讯公司建设医疗影像国家新一代人工智能开放创新平台，依托科大讯飞公司建设智能语音国家新一代人工智能开放创新平台。

"国家新一代人工智能开放创新平台"是聚焦人工智能重点细分领域，充分发挥行业领军企业、研究机构的引领示范作用，有效整合技术资源、产业链资源和金融资源，持续输出人工智能核心研发能力和服务能力的重要创新载体。

可见，以科大讯飞为代表的这几大平台，所承载的人工智能平台不仅仅要服务于自身发展和生态构建，更要肩负起国之重任，整合产业资源，助力整个产业的AI升级。科大讯飞总部的四个大字"中国声谷"已然说明了科大讯飞更为远大的价值意义。

涉及产业这个大话题，我们重点谈以下几个层面。

首先是AI产业人才岗位的升级，科大讯飞构建的生态有160万个开发者参与，每一个开发者背后可能都是一个数人到数十人的工作室或者公司，无形中科大讯飞连接了数百万甚至上千万的AI产业人才，携手进步升级。

消费升级方面，这几年经济大环境下行压力进一步加剧，连续数月社会商品零售额增幅下降到个位数。这种时候，如何破局？没有别的，就是要推出更智能、更先进、更有品质的产品和服务，刺激消费，带动内需。搭载科大讯飞技术的新媒体内容平台（喜马拉雅等）、智能电视音箱等硬件产品（TCL电视）、汽车企业（长安、奇瑞等）、餐饮企业（海底捞等）等得以展现出更优的体验和服务，自然而然激发了消费热情，扩大了国民消费内需。

国际化方面，虽然有美国把科大讯飞拉入"黑名单"，但包括日本、俄罗斯、新加坡等在内的国家却持续深化与科大讯飞的合作，在多个领域展开了落地应用的探索。而且凭借其在语音技术领域20年的积累，科大讯飞旗下翻译机等天然适合国际化的产品，也将迎来发展的先机。当然，更为重要的是，科大讯飞携生态之威，未来也将构建中国AI企业出海的桥梁，一大批AI科技企业将搭乘科大讯飞这列快车，驶入国际市场。

内蒙古走访见闻：
数字化技术到底给煤炭流通带来了什么？

1

"以前一天最多跑一趟，去了电厂还得排队几个小时甚至一整天，而现在G7物联（以下简称G7）数字甩箱模式推出应用后，问题迎刃而解。我拉活儿也更省心、省事，一天可以跑两三趟，收入也比以前增加了。"

"你能相信吗？这么大的运转中心，包括智能磅房在内的多个环节实现了无人操作，我们这边算上厨师和行政人员等也只有20人，就可以搞定全部运营工作，大大节约了成本，提升了运营效率。"

"用了G7的这套系统之后，我们的运营流程全面数字化、在线化，不仅仅便捷了我们自身的工作，这些数据的累计后续也方便银行等金融机构了解我们的真实运营状况，给我们更多的金融授信，大大增强企业竞争力。"

2021年4月以来，我深入内蒙古鄂尔多斯、包头等地，走访了煤矿、煤炭贸易企业、服务企业、运输车队、运转中心、物流园区、发电厂等煤电链条上的诸多企业和单位，深度地和企业负责人、技术研发人员、货车司机等人员做了沟通，他们欣喜于数字化给煤炭流通产业带来的改变。

当我看到对远在千里之外的运营中心指挥的大屏幕时，当我看到10多秒就通过的无人值守磅房时，当我看到"小蜜蜂（短途接驳车）"配合数字甩箱模式高速运转时，一次次被震撼了。

2

在走访的过程中，我反复思考一个问题：G7到底是什么？

如果在以前，我们会认为G7是一个"货运"的服务平台，有180万台货车在G7平台"拉活儿"。只不过相比传统的企业，G7独特之处在于秉承开放共赢的运营理念，通过先进的互联网技术平台，打造了一个数字化网络货运的体系。

而通过这一次的走访，我会理解G7是一家物联网企业，是一家大数据企业，并且正如我之前展望的一样，G7正将其在公路物联网积累的势能进行大量释放，用平台化、链条化的方式去解决物流行业存在的痛点。而煤炭行业，体量足够巨大，是G7服务延伸的一个试验田，以后可以是钢铁、水泥、农资等。

那么，G7的物联网能力如何输出给这些传统的能源企业？以鄂尔多斯市三同圆煤炭集运站为例，其应用了G7包含多种技术的

无人磅房落地应用

无人值守磅房，这个磅房由G7提供全套的解决方案。我和该公司的相关负责人交谈时，他告诉我相比传统的有人磅房（大概2—3分钟的通行时间，还需要下车登记），G7的系统应用后，无人磅房平均每辆车的过磅时间只有30秒，效率提升了5倍。

另外，无人磅房背后还连接了结算系统，实现了司机（货主）的交易秒结，司机卸货后一出场，钱就到账了（我在拜访其他煤炭企业负责人时了解到，传统的贸易时代，司机拿到货款的时间少则数月，多则跨年都有，甚至很多账成了死账）。

3

我在和鄂尔多斯鑫和集团党委书记李奎谈话时，他提到G7的另外一重价值，也就是数据背后诸多有形的价值。

鑫和集团总部

在李奎看来，G7是一家大数据公司，像无人磅房这种新物种，一次次的抬杆背后其实是一条条数据，这些数据包括：谁拉的？拉的什么？拉了多少？什么时候拉的？从哪儿拉来的？等等，这些数据包含了很多价值。

"举个简单的例子，煤炭企业经营离不开银行的资金支持，如果在过去，银行很难知道企业的实际运转情况，就不敢轻易给企业尤其是中小企业放款。而现在，我们和G7开展了深度的合作，所有流程的核心数据都以数字化呈现，银行也可以一目了然地获悉我们的真实情况，知道我们公司的实力和流通能力，自然就放心地给了我们各类金融服务支持。"李奎这样解释道。

鑫和和G7的合作，远不止货物运输数字化升级那么简单。李奎介绍，鑫和的贸易业务正在和G7的数字货运全链条服务全面融合，煤炭从矿坑开采出来到运输到港口终端，中间经历公路—运转中心—铁路—港口多个节点（煤炭从矿区通过汽运短驳到铁路附近的货场发运站点，卸货后再装上火车，经历上千公里的长途运输到达港口或者大型区域中心，然后再次进行卸装货，最后通过汽运短驳到达电厂等客户手里），涉及采购、销售、园区调度、运输、结算等多个环节，这些链条上的每一个环节都将全面实现数字化、在线化管理。当天，我们坐在鑫和位于市区的办公室里，就可以透过大屏幕，观察到千里之外的煤炭运输、运转、港口堆垛场面，各项运营数据一目了然，正可谓"运筹帷幄之中，决胜千里之外"。

鑫和集团数字化管理大屏

在我看来，在G7和鑫和的合作案例里，这些货车拉的不是煤炭，而是一车车数据，这些数据往小处说，让各环节的参与方节约了成本，多赚了钱；往大处说可以反馈给管理部门优化资源配比和运力，为政策的出台提供参考。

这两年，内蒙古以物联网、云计算、大数据等先进信息技术为支撑，打造智慧物流体系，实现煤炭运输物流管理数字化，降本增效，为各方带来更多价值。李奎指出，随着全流程数字化的实现，也迎合了政策引导的方向，便于监管部门展开工作，进而对行业进行更好地监管、引导，助推数字化能源运输产业又快又好地发展。

4

这次到内蒙古走访，华电包头发电厂落地的数字甩箱模式，给我留下了极为深刻的印象。

数字甩箱作业现场

在距离这个发电厂大约1公里的一个大型停车场内，一辆辆卡车鱼贯而入，这些卡车都安装了G7的物联网设备，统一用集装箱装满了煤。有一个大型的吊装设备，将这些货车上的集装箱"摘"下，然后一个个空的集装箱又被吊运上车，及时返程。

我目测了下，每辆车二三十秒就可以完成卸货，而司机甚至全程都无须下车。

这个煤炭运输数字化的项目由当地政府、G7、汽车制造商多方合作落地，关键点在于运用了"IoT+平台+装备"的三位一体模式。一方面采用国家政策鼓励的集装箱运输，污染小、效率高；另一方面干线运输车辆、集装箱及吊车加装了G7物联网设备和各类传感器，升级成了"数字甩箱"，赋予了车、人、货数字化管理、安全驾驶、实时在途管理监控、智能调配等能力，并通过车队、司机端以及电厂端的系统及平台实现相关方的数据打通。让调度员可以一键轻松调车，每一台车都知道自己拉了哪个箱子，电厂知道多少煤在运来的路上，还需要进行多少车辆和资源的调配……并且随着将来新能源汽车的入列，将会朝着更加智能化、节约化的方向发展。

无人化、在线化、数字化、可视化，煤炭从矿坑到发电厂，中间距离100多公里，数字甩箱大规模应用，货车在途管理全面数字化，最大限度减少人员操作带来的失误。以前需要两三天干完的活，现在一天就可以干完，作业全流程用信息化平台统筹，效率提升何止一日千里。

G7数字货运展示

俗话说，高维模式的应用，一定会在更高维度带来全新的价值。

众所周知，我们国家提出2030年碳达峰、2060年碳中和的目标。G7数字化甩箱联合煤电厂、卡车企业等方面，采用了"智慧调度+智慧场站+轻量化装备+新能源汽车"的综合解决方案，对碳达峰、碳中和以及绿色交通方面产生了积极作用。

具体来说，主要分两个方面。一方面，这个方案落地后，单车单趟排队时间减少5—6小时，减少排队就减少了油耗和尾气排放，可减少碳排放约110千克；另一方面，G7计划将来用新能源汽车代替燃油车，将带来更低的碳排放。经过测算，G7通过数字甩箱模式预计每年可减少包头市30万吨以上的碳排放。

好的模式就应该复制推广，G7联手华电能源包头公司、鑫和、煤易宝、三同圆等公司所做的工作，无形中也给行业提供了一个个可供借鉴的落地案例。这些案例值得好好推广，让全国其他地区的煤矿、运转中心、电厂也能学习提升，改造升级。

5

在煤炭等大宗商品运输的全链条产业中，谁是最辛苦的人？

是司机！

在中国，有3000万卡车司机，他们很多人上有老、下有小，是一个家庭的顶梁柱；他们起早贪黑忙于生计，很多人工作时间超标，患有腰椎间盘突出、肩周炎、胃病等多种疾病；他们接受的200公里的订单，往往最后1公里耗费的时间比路途中的199公里都多。

这个群体为千家万户提供了美好生活基础，理应得到我们更多的关注和爱护。他们的权益和利益，理应在数字化时代，得到更多的保障。

在塔拉壕煤矿一带走访时，有家企业负责人和我说，大数据和数字化等先进技术，会让司机更有尊严地工作。以数字化甩箱为例，这种模式应用后，提升煤电厂效率的同时也解放了司机，大大减少了司机的经营风险（司机无须提供车辆）和劳动时间（减少排队，司机工作时间更短），同时也给司机带来了更多的收入。

另外，因为诸多流程实现了无人运营，司机也不用被场站的人为因素浪费时间和精力，更不用搞关系、给小费，他们的获得感和尊严感大大增强。

司机有了更多的休闲时间、更体面的收入，可以多陪陪家人、逛逛公园商场，享受辛勤劳动之后的美好生活。

G7在内蒙古进行的智慧物流运输探索远不止上文提到的无人值守磅房、数字甩箱等模式，而是基于"AI+IoT技术"，联手产业链上的各个环节的合作伙伴，打造一个全链条、智慧化、多层级的综合物流解决方案。

这个方案，不仅仅包含G7自身的产品和服务，也正在秉承开放的心态和理念，连接一切可以连接的资源，把包括人的数据、车的数据、货的数据、路的数据等"数据孤岛"一个个链接起来，融合起来。我们期待，将来这套解决方案拓展到煤炭以外的其他领域，帮助更多的领域实现数字化升级，降本增效，为国民经济的高效发展贡献更大的力量。

山东淄博周村走访：AR技术的探索实践

"中国首次，智慧旅游历史性的突破！20多位科技发烧客齐聚山东周村古城，利用可穿戴式设备联想New Glass智能眼镜，开启一次穿越回100年前的神秘之旅，探索未知的任务！"

2015年9月19日上午，我通过微信朋友圈和新浪微博发了这样一条图文信息。

丁道师
2015年09月19日 11:13 来自 天生会转 OPPO N3

中国首次，智慧旅游历史性的突破！20多位科技发烧客齐聚山东周村古城，利用可穿戴式设备联想new glass智能眼镜，开启一次穿越回100年前的神秘之旅，探索未知的任务！PS:瞬间被围观了！今天被告知我们只能用银票，不能用现金完成任务。

丁道师新浪微博截图

在这个每天举办超过1000场互联网行业活动和大会的互联网

中，这条信息很快被淹没在社交网络中。但随着探索活动的进展（这场活动有网络直播）和网上不断爆出来的一些新奇特的增强现实应用场景，我们在山东的这次特殊的旅行或者可以称为实验，吸引了国内智能硬件圈的大批从业者和爱好者关注。大家都好奇一个问题：智能眼镜这种用来装酷的产物到底有什么实用价值？

1. 智能眼镜到底可以做什么？

智能硬件因为谷歌的涉足变得热起来，并且未来将发展成为一个产业。但近几年来市面上出现的所谓智能眼镜，虽然种类繁多，但基本都是一款款"玩具"，使用者兴头过了就会抛弃，原因很简单：没有实用价值。以至于不少业内人士都认为智能眼镜只是一种边缘的硬件产物，没有太大的价值。

2015年，一档名为《极限挑战》的综艺节目在国内走红，里面用到的智能眼镜设备（其实就是把摄像机做成眼镜的样子）很炫酷，伴随着节目的走红让这个产业又一次成为业界关注的要点。但作为一款智能眼镜，拍照和录像只是基本功能，增强现实（AR）才是核心。何为增强现实，简单来说就是你面前有一个人（当然也可以是一本书、一个景点），带上眼镜扫描后，对这个人的介绍，如过往经历、性格爱好等资料可以通过文字或者视频或者更炫酷的方式展现出来。

这次联想的New Glass首次大规模正式亮相选择的地方是山东周村。在周村的古街上，有很多的大院和老字号店铺，历史悠久，古韵盎然。

当我们戴上联想New Glass后，"哇哇哇，太酷了！"被彻底惊艳了。我走到一家店铺前面观看他们的雕花，当目光扫过招牌时，似乎激发了某种任务线索，凭空出现一个穿着古装的店小二，一句"客官，您请进"，一瞬间真有一种置身古代的感觉。

戴着AR眼镜探寻周村

戴上这种AR眼镜后，当你观看一幅牌匾或者一个店铺后，就能知道这个店铺的来龙去脉和历史典故，无形中相当于请了一个免费的导游。

当然，智慧旅游对于智能眼镜来说，只是冰山一角的应用。在医学、教育、工业生产、娱乐视听、物流运输乃至公安民警办案、矿山开采勘测、军事侦测打击等领域都可以发挥出至关重要的作用。

2. 应用场景是推动智能眼镜发展的核心因素

智能眼镜可以在如此多的领域大展身手，那为什么没有普及应用呢。原因其实很简单，因为很少有开发者去给智能眼镜做开发，缺乏足够多的应用场景和App是制约这种硬件普及的主要阻碍。

这次来周村的20位极客中，有一位河北大学的老师带了两个学生一起来参与，他们看起来是那样的平凡和朴素，但后来我了解到联想New Glass有相当多的应用是他们这个学校里的团队义务帮忙开发的，而很多想购买联想New Glass的用户，正是冲着这一个个新奇有用的应用。我想，联想New Glass或者其他品牌的智能眼镜要想普及，必须有这么一大批的极客来做开发，增加基于不同领域的应用场景和拓展功能。

周村旗袍节

当然，仅仅穿越回去"参观"还不够，应该融入古代，和古人互动起来才好玩。随后我们领取了"古代的钱币"，在不同的商铺进行购物消费等事项。当时正值周村旗袍节，古城里很多游客也穿着古装。恍惚间，仿佛穿越到古代，尽享周村千年精华!

我认为这种智能硬件也可以发力B端,和我们的公安、学校、厂矿、社区联合起来,开发一系列基于特定领域需求的定制解决方案。这样,才能真正把落地工作做好,才能真正地实现由"昂贵的玩具到实用利器"的转变。

3. 为什么说这是一次足以载入互联网史的实验?

任何伟大的发明应用,都需要实验,虽然一开始可能会失败,可能被嘲笑。就像这次我们参与的穿越之旅一样,我在微信朋友圈把活动的内容发了后,很多人认为这次活动是在作秀,营销策划的价值大于实际价值。

但我还是要说,这是一次足以载入互联网史的实验(的确是实验,因为在活动过程中出现了很多问题,比如续航问题等)。

或许大家还记得这个实验:1999年,代表中国城市发展领先水平的北京、上海和广州举行了一次"互联网生存实验"。挑战者们必须在封闭的房间里生存三天三夜,维持生命的食物和水只能通过房间里能够上网的电脑购买。

相信早期关注中国互联网的人们对这场实验至今印象深刻。这个实验在当时被很多人认

丁道师在周村

为是在营销炒作，因为那个时候网银、支付宝、淘宝这些概念还没有，网上买东西是一个很不切实际的行为，但今天网购已经是生活的常态。

2015年我们在周村参与的这次实验，从某种程度上来说的确比较超前，但大数据和云服务等产业的发展一日千里，一切皆有可能。

上一次是1999年，这一次是2015年，16年过去了，很多不可能的事情都变成了可能。我还是那句话，等大家5年或者10年之后再来看我这篇文章，可能就真的要思考"假如现在可以改变过去，未来将带给我们什么"！

雄安新区走访：
创新实验、试错、示范新机会

2018年4月21日，备受各方关注的《河北雄安新区规划纲要》正式发布。

众所周知，雄安是在2017年4月1日由中共中央、国务院决定在此设立的国家级新区，是继深圳经济特区和上海浦东新区之后又一具有全国意义的新区，是千年大计、国家大事。公布仅仅一年后，科学的新区规划就已经出炉，效率之高让人惊叹。

2018年4月23日，我和《遇见人工智能》的主编王之波驱车从北京大兴出发，赶赴100多公里之外的雄安新区，进行走访观研。

丁道师在雄安市民服务中心

《河北雄安新区规划纲要》发布之际，仅仅成立1年的雄安已经热火朝天地开展了建设，一批互联网企业已经在雄安注册落地（甚至腾讯旗下的科学教育实验室也在雄安揭牌），并且包括雄安市民服务中心在内的地标建筑开始"浮出水面"。

互联网巨头纷纷落地雄安

相比2017年，这次来雄安新区，穿过雄安的大街小巷、街区景点，雄安在1年内的进展成就，给我的感触和震撼非常大。我的主业是互联网产业分析研究，《河北雄安新区规划纲要》的出炉，结合我的走访和经验来看，这片土地真的利好互联网从业者和相关服务提供者。

我反复地阅读了规划，这其中科技、互联网、信息化、智能等和IT互联网相关的词汇出现超过100次，已然说明一切。

参阅规划，我们知道雄安新区区域规划建设启动区，面积

20—30平方公里，重点承接北京非首都功能疏解，突出创新特色，提供优质公共服务，集聚一批互联网、大数据、人工智能、前沿信息技术、生物技术、现代金融、总部经济等创新型、示范性重点项目，发挥引领带动作用。雄安要打造国际领先的工业互联网网络基础设施和平台，形成国际先进的技术与产业体系。

其实早在2017年，雄安新区宣布不久后，经过审核，阿里巴巴、腾讯、百度、京东金融、360奇虎、深圳光启、中国电信、中国人保等48家企业在新区设立。我们不难预计将会有更多的互联网企业进入雄安，这其中不仅仅包括BAT级别的巨头，更有大量中小新快的创业企业。

雄安新区的价值和意义很大，早已经超过新区本身。在我看来，雄安新区是我们互联网从业者创新实验、试错、示范的新机会。在我的预期中，未来5—10年后，雄安新区将会入驻或者诞生几万家互联网企业，吸纳、培养超百万的互联网精英人才，互联网人在雄安创业、就业，将成为一道新的亮丽风景。

创新实验价值　探索前沿可能

从2017年4月以来，我每天都在思考一个问题："雄安新区到底是什么？它和深圳经济特区以及上海浦东新区的区别是什么？"关于这个问题，官方的文件和解读已经有很多，大家都在说雄安要疏解北京的非首都功能，雄安是创新的中心，雄安是人与环境可持续发展的新区等不一而论。就互联网产业的发展规律来看，我总结认为雄安新区承担的一个责任是"创新实验价值，探索前沿可能"。

这是什么意思呢？简单来说，我们国家的机构和企业，过往的研发和探索都要先设定一个目标，我们都认为没有目的的行为都是徒劳的。但很多时候我们发现很多没有目的、以不求结果为出发的技术和模式，反而推动着我们的时代向前发展。也就是说，雄安要敢为人先，要做未经证实，但未来有可能改变我们生活和生产的产品、服务、模式，比如人工智能设备和无人驾驶汽车等。

事实上，也的确如此。这次规划纲要中，我注意到一句话：超前布局区块链、太赫兹、认知计算等技术研发及试验。区块链和太赫兹这种看起来就像空中楼阁甚至备受质疑的理念，这次被明确写进文件，受到鼓励。而这在以前是不可想象的事情。

同时，在规划的第一章（第四节）也提到：坚持把创新作为高质量发展的第一动力，实施创新驱动发展战略，推进以科技创新为核心的全面创新，积极吸纳和集聚京津及国内外创新要素资源，发展高端高新产业，推动产学研深度融合，建设创新发展引领区和综合改革试验区，布局一批国家级创新平台，打造体制机制新高地和京津冀协同创新重要平台，建设现代化经济体系。

不难看出，很多提法和理念都是全新的，意味着雄安的创新有区别于过去的创新，它的心态更开放、更融合。这些变化所释放出来的信号让我们的互联网从业者备受振奋，腾讯创始人马化腾谈到腾讯和雄安时，提到"雄安新区坚持创新驱动的发展理念与腾讯高度契合"，腾讯将要和雄安"高频互动"。雄安是一个全新的创新实验平台，各界都高度关注互联网公司在雄安的一举一动。马化腾表示，腾讯愿充分发挥金融大数据、金融云、区块链和人工智能等方面的核心技术能力，以业内最全面的综合数据资源，全面融入雄安战略发展规划，助力雄安发展。

一句话，前沿的、未知的、不被理解的模式和技术（包含产品），最适合在创新驱动的雄安大地来实验。而这不正是我们互联网的特色吗？互联网发展到今天，早期的新闻门户、电子商务、智慧物流、科技金融、车联网、O2O等都经历过这个阶段，为了有更多新的理念出现，而雄安就是承载这些新理念的平台，我们的互联网从业者来雄安将大有可为。

包容开放　试错机会"赛出"核心技术

关于这个部分，我们先来抛出一个问题，"为什么中国没有自己的能被民众和市场应用的CPU（中央处理器）和操作系统？"这个问题近期广受关注。

曾几何时，西方列强打破中国国门，给我们带来灾难的同时，也打醒了我们：当人家已经通过工业革命实现富强的时候，我们被蒙蔽双眼和大脑，自以为天朝上国。

中美贸易战提醒了我们所有人：中国科技互联网的底层核心命脉在于是否有自己的CPU和操作系统。

通过研读《河北雄安新区规划纲要》，加上在雄安新区的实地走访，我深刻地感受到雄安新区是一个包容开放、允许试错的区域。也只有如此，通过多匹赛马的不断试错，才能真正"赛出"核心技术。

我们看到，规划里明确提到：打造便民高效政务服务环境，建立新区政务服务平台，简化审批程序和环节，提供一站式服务。打造创新开放政策环境，在土地、财税、金融、人才、对外开放等方面，制定实施一揽子政策措施，确保疏解对象来得了、留得住、发展好。

这样开放宽松的政策，必然降低了创业创新的门槛，必然会有一大批的项目轮番登台，寻求突破。

包容错误到底有什么深远的意义，我们聊一个这几年广受关注的案例：通过试错，获得成功的Supercell！

Supercell是一家估值超过百亿美元的游戏公司，开发的《皇室战争》等游戏风靡全球。在Supercell公司，一款游戏推出失败后，其管理者的反应是"太好了，这款游戏失败了，证明我们剔除了一条错误的道路"；随后这支团队不是"复盘"思过，而是开香槟庆祝失败，及早放弃失败的产品，从失败阴霾中走出来，迅速地投入新的产品研发中。

所以今天我们看到支撑Supercell百亿美元估值的仅仅是5款游戏，其实背后还有死掉的更多的游戏，这些死掉的游戏成了那5款成功游戏的基石。

同样在中国也有一些领先的企业想明白了这点，其中的代表除了腾讯，还有阿里巴巴。2017年10月，阿里巴巴宣布组建全球研发中心"阿里巴巴达摩院"，3年投入1000亿元，并已开始在全球各地组建前沿科技研究中心。达摩院的建成目的就是要耐心地做基础研发，必须活得比阿里巴巴长，至少要影响20亿人，同时必须超过IBM、微软、谷歌等公司的研究院。

我之前的文章就说过从商业模式创新到技术创新，是中国产业互联网发展必须要经历的过程。但这一定需要长期的投入和时间的孕育，才能开花结果。当年半导体技术出现时，少有人意识到这项技术到底能给人类带来何种改变，一些人对半导体的价值嗤之以鼻，但此后经过多年发展，今天我们使用的手机、电视乃至今天各大巨头开展的无人驾驶等都会用到半导体技术。那么，中国企业何时能研发出类似"半导体"这样的全新产品呢，这些都充满了无限的期待。

BAT也好，华为、联想也罢，应该站在全局的高度，代表中国冲击全球创新的制高点，建立一批属于我们的规则体系，不断试错，不断投入，研发出就像当年"二极管"一样的革命性新产品，也让全球其他国家追在我们后面跑一跑。现在，随着量子计算云平台等项目的不断推出，我相信不久的将来我们一定能造出来全新的"东西"，并且应用到我们的生产、生活中去，更快创造可见的价值！

在我看来，容错的市场和政策环境，敢于为试错兜底的资本和企业，勇于知错改过的创新者，是中国研发出自己的CPU和操作系统的关键所在。显然，雄安新区有望解决此道难题。

示范价值：由点到面，全国甚至全球推广

这几天我和业界朋友谈及雄安，我认为雄安不仅仅自己要做多大多新多智能，更重要的是，能否通过雄安实践出来的价值，赋能给其他地区乃至其他国家。也就是说，雄安的示范价值要释放出来，雄安摸索出来的产品和模式也应该对其他地区有借鉴意义。

打破空间和时间概念限制的互联网产业，无疑最具示范意义，对于广大的互联网从业者来说，大可来雄安施展一番。

在规划纲要里其实已经多次提及示范作用，比如：发展高端高新产业，搭建国家新一代人工智能开放创新平台，重点实现无人系统智能技术的突破，建设开放式智能网联车示范区，支撑无人系统应用和产业发展。

推进智能驾驶运载工具的示范应用，发展需求响应型的定制化公共交通系统，智能生成线路，动态响应需求。探索建立智能驾驶和智能物流系统。

支持雄安新区立足本地实际，率先在相关领域开展服务实体经济的金融创新或金融试验试点示范工作，推动国家级交易平台等重

大金融项目先行先试，支持金融业对外开放新举措在新区落地。

通过我的走访来看，包括腾讯、阿里、京东、苏宁、58同城等在内的几十家科技互联网企业已经落地雄安。这其中京东起到的示范意义非常具有代表性，包括京东物流、京东金融、京东便利店、京东无人超市等在内的最少4种业态在雄安已经落地，这些业务通过在雄安的落地和试点，探索出的一系列创新服务模式，都将对外具备参考和借鉴意义。

以京东这几年依托无界零售理念推行的京东无人超市为例，扫码支付和无人售货只是基础，未来我认为用户手机都不用带，直接人来就可以完成扫脸、取货、支付的全过程。这套体系如果在雄安新区能够获得成功，将带动相关产业的升级，也将带动其他区域的新零售迈步走向无界零售。

同样，京东金融体系也有两家企业入驻。其中海益同展主要从事金融云服务和技术研发，包括人工智能、大数据、新一代物联网技术在金融场景的应用。而京东金信是在京东金融众筹业务的基础上，为新区的中小微企业、科技创新型企业提供孵化等服务。这些创新服务和模式，将通过科技金融服务的赋能，推动新区的产业结构升级，助力新区智慧升级。金融服务同物流、便利店等也将有机协作，共同在雄安大地构建全新的消费生活、生产体系，给行业带来深远影响。

当年深圳能够崛起，并且也间接帮助全国各地各企业提升科技、互联网的应用能力，很大的原因就在于很多新模式、新服务、新产品首先在深圳进行落地，经过深圳的"实践是检验真理的唯一标准"后，其经验推广到全国。而深圳自身，在这个过程中承担了风险，但也积累了宝贵的资源，获得了先行先试权限，取得了发展的先机，最终证明了深圳模式的正确性（这也是我为什么认为10—20年后中国的第一大城市不是上海、北京，而是深圳的原因所在）。

现在的雄安新区，早已非当年的深圳可以比拟，一开始就站在了历史的高起点，拥有高标准、高权限的发展基础，先天优势比当时的深圳还要强好多倍。我预计很快（5—10年内）雄安新区就会探索出一系列的商业模式和技术模式的创新体系，并且迅速地向全国推广，落地发芽。

雄安模式一开始就注定是一个让各方（全国到全球范围内）共享发展红利的新"绿洲"。到了一定程度后，中国硅谷只是雄安若干标签中的其中之一罢了。

雄安新区不仅仅是互联网企业的创新乐土，更是广大从业者施展才华和安居的沃土。河北省人民政府特别提到对于引进和迁移来的各类人才，河北省人社系统将实行一人一策、特事特办，提供个性化、人性化服务，积极吸引各类高端人才和创新团队，优化人才子女入学政策，为高层次人才子女入学提供便利。设立出入境服务站，为外籍人才提供全面的出入境和居留便利服务等。

疫情过后，我做了一件事情：
挨家挨户走访探寻农村互联网发展状况

很多朋友都知道，我最近几年专注于走访下沉市场，了解农村互联网的发展状况。几乎每一年我都会抽出两三个月的时间，奔赴山西、河北、陕西等地的广大农村和乡镇地区，做农村互联网也就是互联网下沉市场的选题。

2020年以来，因为疫情的原因，我没有回北京，在老家待了近4个月，这让我有了更多的时间做更纵深的农村互联网选题。

以前做这种选题，我更多的时候走访的对象包括县级互联网电商服务中心、农村农业合作社、农业带头企业、扶贫创新园区、互联网巨头在农村布局的店面等，虽然也在田间地头和老乡们唠家常，但不够深入。

2020年4月中旬，疫情初步得到控制后，我做了一件事情，挨家挨户、入户"摸排"互联网发展状况。这件事就像为我打开了一扇新的大门，让我了解到了很多之前仅仅凭借分析看不到的真实情况。

这次走访的感受可能三天三夜都写不完，但今天我不想写形而上学的《农村互联网报告》，而是想谈一谈走访中的一些小碎片，我认为这些碎片更有意思，也更有意义。

农村一角

碎片一：朴素风气让我感动

我其实很不擅长这样的工作，这次走访得到了一位熟悉农村情况的村民帮忙，全程担当领路人和敲门人，在这里表示感谢。

在整个走访过程中，让我感受最深刻的是村民们的坦诚、朴实、善良，走访了那么多户人家，我没有吃过一次闭门羹。有很多村民还热心地表示，希望我能留下来吃饭。这样的情景，在大城市是不敢想象的。

入户后，在和老乡们沟通的全过程中，我没有遇到任何障碍和困难，出奇的顺利（不像我采访企业，有时候会被市场人员质问"你的意图是什么？"）。这里再次向积极配合的老乡们表示感谢。

健谈的村民

碎片二：中老年人用上了智能手机

农村有大量的老年人，我一直以为这个群体是移动互联网和智能手机的荒漠地带，这次走访中我发现，大部分的老年人用上了智能手机，品牌以国产为主，包括华为、小米、荣耀、OPPO、vivo等。

有一位老伯伯掏出一台功能机，周围有人开玩笑说："现在，就你还用这种砖头机。"

在所有的互联网服务中，老年人最常使用的是微信的"视频通话"，以及快手的"直播"功能。

在沟通中，我进一步了解到相当一部分老年人使用的手机是子女淘汰的。这并非出于经济问题（很多老年人给子女在城里买

了房，自己也有多套房子），而是多年来形成的艰苦朴素的习惯
使然。

使用功能机的村民

碎片三：有线和"锅盖"电视时代结束

在北京的家里，我早已经停掉了歌华有线，自诩为先进和
新潮。

这次走访我震惊地发现，100%的村民家里通了互联网，村民
们大多也不怎么看有线电视，也不用卫星电视（俗称锅盖电视）
了，因为大部分的村民购买了智能电视，连接上网络热点，想看
什么就看什么。

我常常想起，儿时父亲摆弄房顶上的电视天线时，做过的预
言："现在大家都穷，将来有一天有线和锅盖迟早普及。"

现在看来，在农村有线电视和锅盖还没有来得及普及时，就
被更先进的互联网技术和服务取代了，家庭视听享受早已经进入
新的时代。

碎片四：被网课折磨的家长

2020年的农村互联网，如果要找一个中心词汇，就是两个字"网课"。我见证了一个个歇斯底里的家长被网课支配后的疯狂。

很多家长，当着我的面打骂孩子，看来网课彻底把他们逼"疯"了。

在走访中我了解到，最主要的两个上网课的工具是钉钉和腾讯会议。我和不少孩子沟通，他们几乎都表达了对网课这种模式的反感。我想孩子的逆反是原因所在。

也有一小部分孩子和家长积极学习网课以外的互联网教育课程，我不失时机地给他们推荐了几个教育App，以及一些课外书籍。

上网课的学生

这段时间随着复课潮的来临，一些地方的学校陆陆续续开学了。终于，家长们要解放了。

碎片五：快手是一家购物平台

我在挨家挨户地走访中，经常问村民的一个问题是："你们习惯在哪个电商平台购物"？

在我的预想中，答案无非就是淘宝天猫、京东、拼多多、苏宁这几个。没想到，实际的沟通过程中，不少人尤其是年轻一点的村民，告诉我他们经常在快手买东西，快手上的东西物美价廉。

快手是一个电商App？这个答案看起来诡异，但事实上快手电商做得还真不小，我在《丁道师：快手到底是什么？》一文中，曾经介绍过快手的电商属性。

据悉快手在2019年电商方面大概做了500亿元的交易额，以前我觉得这是一个夸张的数据，但通过我的走访感受来看，快手电商如果几年后做到5000亿元都不必惊讶，要相信广大的农村消费市场。

碎片六：农村电商服务站普及

我在走访文章《下沉市场的关键"三路"》中提到，我去过的每个县下面的乡镇都建立了电子商务服务站点，品牌包括供销e家、乐村淘等。

这一次，深刻地感受到电商服务站的覆盖之密集，比当年的中国移动店面都要深入。这些服务站起到的作用包括电商代购、培训服务、农特产品展示等，我认为这些站点都将成为外界了解地方的一个窗口。

随着乡镇乃至农村电商服务站的普及，四通一达也真正地覆盖到了村村落落，我们广大农民也能和城市消费者一样第一时间购买到最新最优的产品。

乡村e站

碎片七：盛行的手写输入法

畅游互联网世界离不开输入。我在走访过程中，感受到村民们最主要的输入方式是手写输入，而非拼音或者语音输入（大部分人不说普通话）。

以前我认为只有老年人才用手写输入法，但通过我的走访来看，很多年轻人也用手写输入法。

可能是搜狗认知到农村网民对手写输入的依赖，疫情期间搜狗升级了手写输入的功能，加了"手写补全"功能。这个功能很赞，就像拼音补全一样，在用户手写输入时，只需要写出部分笔画，就可以准确地智能预测用户想要书写的整个字，这大大提升了手写输入的速度。

使用手写输入法的村民

村民输入效率的提升，一定程度上也提升了他们网络消费的效率。所以那些以赚用户钱为生的平台们，都应该感谢搜狗。

由腾讯新动作谈起：
"数"与"实"该如何融合？

"街边的小店，能够链接来自远方的大生意；田野里的土豆，正在沐浴数字科技的阳光；车水马龙的城市街道，有序运转；工厂传送带上的元器件，有质有量；熟悉的土地上，数字技术和实体经济正在融合。"

腾讯广告片

在2018年进行战略升级，提出"全面拥抱产业互联网"理念的三年后，腾讯发布了全新广告片《腾讯助力实体经济》。这条广告片让我想起这些年我的走访历程，我深入湖南的几家机械制造企业，倾听它们在后疫情时代通过数字化技术和平台，带动产业升级的诸多努力；我也去过一些零售企业，有一家企业通过无人销售货柜，打开了海外市场；我还在东北盘锦的稻田里和乡亲们唠家常，有合作社负责人告诉我新零售平台帮助他们完善溯源流程、品牌化建设……

就我的走访观察来看，"助力实体经济"其实不仅仅是腾讯的新口号，也是各大互联网平台的共识。这两年，我们看到了各大互联网企业主动求变，立足产业互联网，利用数字化能力帮助实体经济更好发展、更优增长。

随着媒体的关注和报道，这段时间，数字经济与实体经济融合发展的相关话题又成为各方讨论的焦点。

讨论数字经济和实体经济的关系，能谈的话题很多，毕竟今天的数字经济早已不是新概念，各类数字化产品已经"润物细无声"地进入了我们工作、生活、生产的方方面面。

不过，我还是想探讨一下"数"与"实"的融合关系，因为这个话题和我的走访实践更为贴合。

下沉市场走访观察："数"与"实"该如何融合？

有一次我去太原市走访，观察街头经济复苏状况。有位小店店主和我说，数字经济这个概念他们也了解，不过感觉都是大公司干的事情，和他们没啥关系，他们也很难用到。的确，曾几何时我们经常听到某某大型钢厂通过AI识别钢板次品率，某某商贸巨头利用数字解决方案降本增效，而很难听到某个夫妻店因搭上数字经济春风获得发展。

不过，情况正在发生着变化。各大平台已经认识到任何组成社会的细微个体，都应该有机会利用数字化服务"武装"自我，进而增强竞争力和服务能力，更迅速、更便捷地为消费者提供服务。以美团为例，研发了一套AI调度服务体系，高效地把消费者的餐桌和街边小店连接起来，给消费者提供服务的同时，助力了这些小店迅速获得订单。还有快手，升级了直播带货和流量分发机制，让大山深处的一些特产作坊，也能获得流量，打开销路。

事实上，即便大公司、大机构进行数字化升级，利用数字化工具也并非一帆风顺，甚至问题会更多。我认识的一家传统企业，做ToB业务的，也学习ToC业务做直播带货，结果遭遇了履约、物流等难题，而这些难题却无法按照ToC的办法解决；某地打造了智慧城市，可以智能化感知和辅助解决城市各类问题，但真正用到的时候，就会发现各种协调不顺，有一次下了一场大雨，系统还仅仅停留在"短信或者媒体弹窗推送雨情"的阶段。这是N年前就拥有的城市安防能力，不足以和智慧城市概念挂钩。

"数"与"实"到底该如何融合，行业遇到的诸多问题和痛点该如何解决，没有标准回答，需要在实践中不断寻求答案。对于我们的互联网企业来说，在消费互联网时代积累的技术和产品能力，能够助力其在产业互联网时代深入生产制造的产业地带，搭建起连接消费者和实体经济的桥梁。

在行业的携手努力下，拥有了越来越多的实践案例。

利用百度的AI技术，华智水稻生物技术公司实现高效采集，采集一个测试田地性状信息从300人工时降低到160人工时，工作效率提升近一倍；万科集团采用了商汤提供的SenseID身份验证一体机等终端智能设备，完成访客迎宾、无感考勤等服务，提升了物业管理服务能力；腾讯携手广州地铁，开发地铁操作管理系统穗腾OS，从此"小程序+刷脸"乘坐地铁成为出行常态；哈尔滨和华为合作，对原供热系统进行全流程改进，经过努力，供热企业可以利用AI能力远程感知用户室温，实现全网平衡调控，达到资源最大化利用，减少了碳排放……

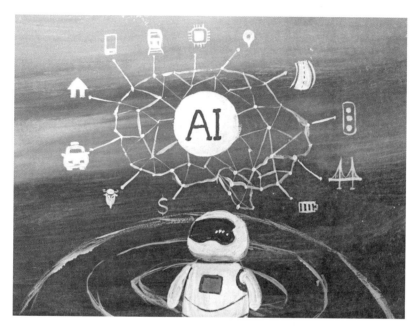

大放光彩的AI技术

主动求变：担当实体经济数字化转型好助手

古语有云："不矜其能，羞伐其德。"大意是不自我夸耀本领，也不好意思夸耀自己功德。诚然，科技领军企业的数字化能力已经深入社会方方面面，但应该做到"不矜其能"，将其定位于助力实体经济的"助手"，而不是"管家"。

做好助手，需要能力，也需要定力。

华为和腾讯等企业扮演的一直都是"助手"角色。以哈尔滨供热系统改善为例，一方面固然用到了华为的大数据、人工智能等技术；另一方面更离不开政府、企业、居民等多方联动，积极参与。

供暖智慧化管理

有句流行语叫作"求生欲很强"，经常用来表述互联网大厂为了应对监管或者为了迎合政策风向，积极进行转型升级。比如说政策文件引导数字经济和实体经济融合，一批互联网大厂纷纷表示推出各类助力实体经济的政策和服务。

对于我们的科技企业来说，不能被动求生，而应该主动求变。回到腾讯的广告片，对于腾讯来说，助力实体经济其实不是新鲜话题，早在2018年那次战略升级时，腾讯就宣布了未来发展重点：扎根消费互联网，拥抱产业互联网！

同样，放眼整个互联网产业，上半场是消费互联网，下半场是产业互联网。上半场的重点是连接，连接人与人、人与数字内容、人与服务。而下半场，重点是产业互联网，通过数字技术进行产业升级，把消费者和产业对接起来将创造巨大的社会和产业价值。

助力实体经济，既是科技大厂的使命担当，也是战略实践过程中的重要目标。腾讯和阿里数以千亿元投入的新基建和商业操作系统，都是基于这些使命价值。

行业的新共识：数字经济和实体经济全面融合发展

以前我们总要区分实体经济和数字经济，并且人为地制造二元对立和割裂。现在，随着实体经济全面拥抱数字化进行提质增效，数字化全面应用到实体经济发展的进程中来，我们的行业应该有一个新的共识，那就是"数字经济和实体经济全面融合发展"。

数字经济促进实体经济发展，同时实体经济反过来也促进了数字经济发展。

政策层面也在加速引导实体经济和数字经济加速融合。2021年12月28日，工业和信息化部等八部门联合印发《"十四五"智能制造发展规划》。文中提出，加快构建智能制造发展生态，持续推进制造业数字化转型、网络化协同、智能化变革，到2025年，规模以上制造业企业大部分实现数字化、网络化，重点行业骨干企业初步应用智能化；到2035年，规模以上制造业企业全面普及数字化网络化，重点行业骨干企业基本实现智能化。

更早之前，在2021年世界互联网大会乌镇峰会上，习近平总书记在贺信中也指出数字技术正以新理念、新业态、新模式全面融入人类经济、政治、文化、社会、生态文明建设各领域和全过程，给人类生产生活带来广泛而深刻的影响。

在数实融合的趋势下，互联网科技企业与实体经济企业如何建立良性的互动关系，既是一个新的挑战，又是新的机遇。作为实体经济数字化转型升级的助手，我们的企业在输出各种解决方案和提供服务助力的同时，自身也得到了强化，升级了综合服务能力和市场竞争力。

比如上海田子坊街区和华为的合作，很好地解决了老旧街区存在的安全消防、人流管理等问题。通过这种合作，也让华为拥有了精细治理微小单元的经验，并且落地了华为的一系列产品和服务，为华为在ToB端的增长提供了助力。

还有，腾讯与广州地铁集团联合发布的新一代轨道交通操作系统穗腾OS 2.0，这个系统便捷了市民出行，提升了广州地铁集团管理运营能力，也帮助腾讯金融科技团队、腾讯云微瓴团队在智慧交通领域实现突破和创新，积累了宝贵的经验和方法论，同时也检验了腾讯在物联网、大数据、人工智能等领域的应用情况。有了这种积累，腾讯在其他城市开展类似业务就更为得心应手，以便高效开展业务。

从某种程度上来说，"助力实体经济"不应该成为某一家或者某一领域的工作，而应该升华为行业共识和行业标准。所有的互联网企业、科技企业、技术公司，都应该积极发挥数字化技术和能力，切实提供新思路、新工具、新模型、新方案，为实体经济和数字经济的全面融合贡献力量。

在这家博物馆，我没有看到一个人类导游

1

熟悉我的读者都知道，我多年走访各地，写过很多关于人工智能辅助人类工作的文章。

比如百度和首钢合作，用AI批量检测钢板缺陷，准确率达99.98%；我去江苏参观的时候，看到京东应用AI等技术，在昆山的一个中心实现了无人分拣，整个工厂看不到几个人；我在合肥拨打的12345热线，是由科大讯飞在后端提供AI解决方案，让合肥市长热线实现24小时工作无休……

大家注意，这些分析案例的重点都是"辅助"二字，虽然系统已经可以代替人类开展绝大部分的工作，但还是能感受到"有人来操控系统"，感受到有人在旁随时待命接管工作，甚至反过来辅助机器的工作。

今天我想分享一个更有意思的案例，在这个人工智能的落地应用案例中，相关部门进一步弱化了人的存在，搭配上古今元素的穿插，让使用者有了一种仿若进入未来世界之感。

2

2021年5月的一个工作日，我去山西地质博物馆参观。对，就是那座看起来像宇宙飞船降落在人类建筑上的博物馆。

山西地质博物馆

按照往常的习惯，如果已经有人请了导游，我会蹭讲解。如果没有人请导游，我会请一个，然后大方地等别人来蹭。

刷了身份证进入博物馆大厅，迎面看到一个穿着制服的机器人"接待员"。我上前准备搭话，一旁的保洁阿姨催促："一、二层没有展览，快下班了，赶紧直接上三、四层看精华。"

被催着上了扶梯后，才反应过来：我还没请讲解员呢。

上到三层，环视一圈，没看到讲解员。在一个展厅入口，又看到一个机器人，没等我开口，它就主动表示很乐意给我讲解。在接下来的半个小时中，这个机器人带着我耐心参观，它走到哪儿我跟到哪儿，边听边记，学到了很多新的知识。

我注意到，在其他展厅中，都有数量不等的机器人，为来自各地的游客义务讲解，全程没有看到一个人类导游。

3

很多朋友或许已经猜出来了，这些机器人是北京的一家公司提供的，这家公司叫作猎户星空，是猎豹移动投资的一家AI独角兽。

那么上述提及的场景呈现背后的技术是怎么实现的呢？

猎户星空的相关负责人告诉我，猎户星空机器人搭载多传感器融合导航技术，配置了"激光雷达＋鱼目摄像头＋RGB-D摄像头"，可以做到多机协作调度，多台机器人能在同场景内互相避让。另外，还用到了建筑领域的一些技术，建图面积大，普通模式建图面积达10000平方米以上，可跨百层建图。

这些机器人经过差异化的定制后，可以根据博物馆场馆的地图进行现场定制路线和讲解路线。机器人本身具备雷达和视觉双重定位，机器人的"腿"搭载了室内自主导航平台，可以按照需求行走。

机器人导游

搭载多种AI技术的机器人当然不仅仅可以用在博物馆场景，理论上来说，任何人类活动的场所，比如学校、医院、商场、车站等，都可以成为这种AI机器人的用武之地。在2020年的抗击疫情中，猎户星空机器人也发挥了积极的作用。

据相关数据，猎户星空截至2021年2月底，超18000台机器人雇员上岗，服务超2000家客户，日均语音交互频次超920万次，总服务人次超2.1亿。

4

一种产品好不好，关键不仅仅在于技术是否先进，而在于应用，在于人性化的应用。

同样是猎户星空的产品，在一些地方就成了摆设。比如我经常去的大兴世界之花购物中心，也引用了大量的猎户星空机器人，但商家仅仅把这些机器人当作吸引消费者的噱头，机器人只是一个中看不中用的摆设。这些机器人刚上岗的时候，还有很多小朋友拍打、围观，时间久了便无人问津，沉寂在角落吃灰。

我摸了一台机器人，落了一层灰。

山西地质博物馆就很会应用先进技术，很多方面都能体现博物馆的小心思。比如给机器人穿上制服，再配上甜美的声音，我这样的直男想不被吸引都难。再比如他们刻意弱化人的存在，工作人员仿佛都藏了起来，让机器人占据有利位置和人沟通、互动。我后来了解到，在教育心理学领域，这一招叫作"让位思维"。

我之前提到的安徽名人馆也是如此，本来被看作渡江战役纪念馆的附属馆，存在感不太高。后来在与猎户星空合作后，用了和山西地质博物馆类似的方式改造升级，这些机器人头戴官帽，身披官服，化身"小包拯"，用尽各种"花招儿"吸引参观者。现在，安徽名人馆知名度大幅度提升，成了网红打卡地、安徽新地标。

5

从辩证思维角度来看，有人和无人是相对来说的。虽然我们今天一直强化"无人"，但AI、机器人、智慧服务等无人化高科技的落地，恰恰离不开人的推动。脱离了人的主观意识推进，无人化的产物终将是空中楼阁。

这几年山西、安徽、贵州等看起来距离高科技较远的一些省份，反而总是能看到各类人工智能服务的应用、落地，原因就在于这些地方很好地发挥了人的作用。

从技术上来说，猎户星空的机器人绝非独一无二，但从应用层面来说，猎户星空机器人目前在国内取得了领先位置，深入地覆盖到了我们生活的方方面面，原因也在于猎户星空以用户为中心，基于场景探索价值应用，最终才有了今日之局面。

还有这两年大热的自动驾驶技术，为什么能在北京市亦庄地区常态化运营？原因就在于人为政策的支持，亦庄经济开发区有一批敢为人先的管理者，能够大刀阔斧地推进各项工作进展下去。据相关负责人介绍，亦庄将尝试安全员逐步撤出自动驾驶车辆，在无人化运营已经证明车辆比较安全、没有事故、满足一定标准的情况下，安全员先从驾驶位移到副驾驶位，再移到后排，最后撤出车辆。

我们应该继续期待，"有人"来推动"无人"发展！

扎根乡镇市场的苏宁易购零售云门店

这种智慧零售模式不仅让个人实现了创业追求，还增加了财富。李克强总理对苏宁零售云店模式的谆谆叮咛仿佛就在昨日。

2018年11月底，李克强总理和一位安徽的苏宁零售云店加盟商视频连线时，祝贺他通过"互联网+"实现了创业梦想，积极肯定了这种模式。

一家新开业的苏宁易购零售云门店

仅仅半年过后，苏宁零售云店再次迎来了重大突破进展。公开的消息显示，2019年5月31日，位于天津赵连庄的苏宁零售云县镇店正式开业。这意味着苏宁零售云仅仅历时一年半，就创造了开店3000家的行业奇迹。

3000家的零售云门店备受瞩目，但对于苏宁来说可能只是一个"小目标"。因为，就在2019年春季工作部署会上，苏宁将2019年开店目标大幅加码至15000家，其中零售云门店就是两大排头兵之一。零售云店2019年将作为县镇市场核心产品的战略定位，加速抢占农村市场份额，为县镇市场的消费者提供高品质的产品和服务。

最近几个月来，我走访了山西、河北等地几十个县镇，深刻地感受到了苏宁零售云店的加速落地。那么，苏宁零售云店的核心运营逻辑是什么？为什么可以迅速增长？在达成门店目标之后，苏宁零售云店的下一站是什么？这些是我们今天所要探讨的话题。

抵御大环境不利因素　苏宁零售云店的逻辑是什么

进入2019年，尤其是第二季度以来，经济下行压力增大，消费疲软也没有恢复过来，家电、智能手机以及关联销售行业其实并不好过，相关链条上的不少企业甚至出现了生存危机。

苏宁零售云店却走出了与之完全相反的曲线，取得了远超行业预期的成绩。3000家门店的迅速落地，核心原因就在于模式优势，以及支撑零售云模式背后的包括云服务、物流、技术体系在内的积累。

正如相关介绍所言，苏宁零售云作为苏宁智慧零售输出平台，利用丰富的线下零售经验，整合前端供应链的S端（供给平台化的品牌方），通过信息流、现金流、物流、供应链、营销、强势品牌等，赋能自带流量的B端，共同服务C端，解锁零售赋能的S2B2C模式，给县镇零售市场带来新的活力。

究其云店模式，核心的关键在于"云"，而"店"是具体的落地形式。这里的"云"就是看不见摸不着，但起到实质作用的苏宁零售云。通过这个"云",将苏宁的品牌、供应链、技术、物流及金融等能力赋能给广大的合作伙伴。在这个过程中,选品、订货、营销、促销等环节统一通过相关的App(比如零售云管家、零售云货架、零售云店员等)和服务平台实现对接,让零售商户的门店经营变得更简单、更有效、更智能。

对于合作伙伴来说,苏宁零售云模式解决了长期以来困扰行业的包括品质、库存、选货、运营、物流、推广服务等在内的几乎全链条的难题。对于消费者来说,能够花更少的钱,更高效率地买到有品质的产品,且不用太担心售后等服务,自然选择零售六模式。

打破消费隔阂　消费分级市场中的消费升级

这几年,社交网络的出现,前所未有地拉近了中国城市和乡镇信息的距离;同时随着包括苏宁、京东、阿里等巨头的全线渠道下沉,又打破了城市和乡镇消费之间的隔阂。

像苏宁零售云店这种模式的持续落地,尤其做到了3000家店的体量,使得我们三至六线村镇消费者,也能和城市消费者一样,平等同步地享受到科技给生活带来的改变;也能和城市消费者一样,平等同步购买到全国各地乃至全球各地的商品;也能和城市消费者一样,平等同步享受到综合的服务体系。一句话,城市里有的,乡村也有。

可能很多人还无法理解这一点变化有多大。曾几何时,在农村小卖部买东西,你可能买到"康帅傅"品牌的泡面,"金龙油"品牌的食用油,"脉劲"品牌的功能饮料,现在通过苏宁则完全没有这样的担忧;在农村买家电,两年后发现电器坏了,去售后维修,很可能售卖的店铺已经不存在或者客服只会"打太极"，现在通过苏宁易购，购物无忧成为常态；在农村不敢买大家电，尤其山区送都送不来，现在有像苏宁火箭哥这样的快递员，可以送到祖国各地。

在一些业界人士看来，电商企业进行渠道下沉，打的是"消费降级"的概念。对这个观点我不认可，在我看来，在三四五线市场进行渠道下沉，并不是业界"消费降级"的错误认知，正确的逻辑理解应该是"消费分级市场中的消费升级"。

一二线城市的消费升级已经进行了很多年，买一个日本的智能马桶盖被看成消费升级的代表。而"消费分级"中的三四五线区域的消费者，对于他们来说，能买到正品真货的大众消费品，远离"康帅傅"这类山寨品牌，就是一种消费升级。

本质上来说，苏宁零售云店做的事情就是"消费分级市场中的消费升级"，为消费者尤其是为村镇区域的消费者对美好生活的向往，提供助力，提供价值平台。

进入加速度阶段　苏宁零售云店的下一站是什么？

作为中国重点商业零售企业，苏宁用20多年的时间，大约打造了3000家门店。2018年开始强化智慧零售战略，加快了线下开店步伐，仅仅一年，就新增了包括苏宁广场、苏宁零售云店等在内的8000多家门店，不管是增幅还是增量都冠绝行业。

通过苏宁这一两年的财务报表来看，多次取得远超行业平均增幅的成绩，也印证了苏宁加速开店策略的正确性。

进入2019年，喊出"15000家新开门店"目标的苏宁，很显然又进入了全新的加速度阶段。换句话说，在2019年苏宁新开店面要比过去28年开店总和还要多，对于苏宁零售云来说既是机遇又是挑战。

那么，苏宁零售云店的下一站是什么，或者说接下来的运营思路是什么，在我看来，主要有以下几个维度。

第一：兼顾高速发展和高效发展。

有不少人和我说，"苏宁不差钱，开3000个门店有什么难度？""苏宁零售云为何如此野蛮式成长？"这些评论虽然未尽客观，但也对苏宁零售云店提出了新的要求：不仅仅要高速发展，更要有质量的高效发展！

关于此，苏宁早已考虑到。加盟苏宁零售云店，需要一定的门槛，对于选商和选址都有相应标准。可以说，每一个加盟苏宁云店的当地创业者，都是优中选优，这也决定了苏宁云店的运营效率。从各地反馈回来的数据来看，绝大部分的苏宁零售云店合作伙伴都取得了超过预期的效果。

许昌范湖乡的合作伙伴师老板，加盟苏宁零售云店后，年收入翻了5倍，并且打开了高端家电的销路；郑州白沙镇的彭老板，分别于2017年10月、12月，2018年8月开了3家零售云店，将原本的手机业态经营扩充为综合的家电服务商，利润和开卡量持续增多；安徽凤阳零售云板桥店老板张长刚，怀着"忐忑的心情"加盟苏宁易购，不到一年就创下几十万的盈利，还得到了李克强总理的积极称赞……这样的案例不胜枚举。

第二：兼顾自身发展和集团战略。

在我看来，现在苏宁零售云店既是一个独立的项目，未来又是可以承载集团其他服务在乡镇市场落地的标的。举个例子，郑州白沙镇的门店开业后，门店所在的整个街道、百货商场、商业社区的客流量都翻了一番，给商圈零售业态的销售间接带来了约10%的增长。白沙镇老板感叹："没想到苏宁易购零售云门店自带流量，不输网红啊。"

通过这个案例我们不难展望，苏宁零售云门店带来的区域客流和品牌价值，有望为苏宁其他业态的门店发展（比如苏宁小店，甚至线上联动后，也可以给苏宁拼购带来用户）奠定良好的基础，进而在长远的未来，服务到集团战略中来。

第三：兼顾商业利益和社会责任。

通俗地讲，对于下沉市场来说，苏宁零售云门店有两个价值，一端帮助身处县镇的加盟商实现创富，一端让县镇的消费者放心地买到品质产品和服务，进而盘活县域经济。

同时，又因为很多苏宁零售云店开在了经济欠发达的县镇，将成为当地土特产、商品展示和"触网"的平台。同时这些店面也解决了一部分就业问题。甚至做到一定程度，各地的苏宁零售云门店可以融入当地的电子商务服务体系，承载一定的电商培训、创业孵化价值，进一步践行社会责任。

附件：

2021年3月5日晚间，我乘坐火车离开北京，进入黄土高原腹地，开启了"乡村振兴"选题的走访工作，重点了解苏宁零售云门店的后续发展情况。

在走访的过程中，接触了各种各样的人，听到各种各样的声音。我深刻地感受到，在上一个"脱贫攻坚"的阶段，以苏宁易购为代表的零售企业作出了巨大的贡献。而现在脱贫攻坚取得胜利后，进入"全面推进乡村振兴"，这些企业和平台们又将贴合各自的业务落地，带来更大、更深的价值。

在2020年，仅仅零售云这一项业务，就累计为县域市场带来超2000万件的优质商品，直接辐射上万乡镇，为2.5亿用户提供了优质的产品和服务，为推动农村产业升级，助力乡村振兴事业发展作出了直观且积极的贡献。

我在山西一个名为泥屯镇的地方，听到了合作伙伴对苏宁易购零售云门店的评价。泥屯镇上的苏宁易购零售云门店店主告诉我，和苏宁合作后每年新增几十万的收入，生活发生了巨大的改变。

在苏宁零售云门店取得阶段性成绩之后，苏宁在2021年推出了一项可能会更下沉、覆盖区域更广阔、更适合乡村人群创业的平台——苏宁有货。

这个平台看起来是新的，但却有深厚的业务基础，它利用了苏宁小店和零售云、家乐福等所构建的供应链、物流、金融等电商基础设施，一开始就可以服务广大的小卖部，甚至个人创业者。举个例子，我提到的农村小卖部有很多山寨商品，其实小卖部老板完全可以通过这种平台高效地批发到品质好货，而且一件代发和一站齐备的特性，减少了备货和发货风险，提高了经营能力，能够更好地为乡村消费者提供产品和服务。

这些工作的持续开展，为乡村振兴提供了多方面的助力，优化了供给、促进了内需、激发了活力，如果能够形成方法论被其他平台借鉴，各方联手将会使价值进一步放大。

走进三星堆博物馆：
文物数字化保护的几点思考

在结束德阳数字农业走访工作之后，我抽时间去了一趟广汉三星堆博物馆。

三星堆博物馆正门

按照惯例，我们应该先对三星堆博物馆做一番介绍。不过，这次可以免了。自从2021年以来，随着频频"上新"，三星堆已经成为输出中国文化的一个重要符号，全球闻名，人尽皆知。

这次我去的时候，三星堆博物馆隔壁正在新建一个规模庞大、气势雄浑的三星堆博物馆（新馆）。好在新馆还没建好，我得以看到新馆建成后可能看不到的一些景象。

比如，在三星堆博物馆我看到了一对正在举办婚礼的新人，婚宴摆了多桌，各方宾客到场祝贺。要知道，在故宫博物院、敦煌莫高窟等地，商业婚纱摄影已严格禁止，何况规模更大的婚礼、婚宴。

比如，三星堆博物馆开放一个文物保护、修复的区域，分设文物储存区、陶器修复室、玉器修复室、金属器文物修复室、象牙修复室，游客可以透过玻璃，看到文物的修复过程、了解文物修复的技术方法。

值得一提的是，三星堆还大力推进数字化文物保护和修复工作，利用数字化技术，让文物更好地传承、保护、开发。四川省文物局与腾讯达成合作，以三星堆遗址为中心，运用人工智能、大数据、云计算、知识图谱等新一代数字技术，助力考古科研工作者开展三星堆遗址数字考古与多维度的数字研究。

在这个开放的文物保护、修复区域，我停留了较长时间，思考了一些新问题。

参观结束后，我接受《环球时报·英文版》采访，就文物数字化保护、传承相关话题，结合我的走访历程，谈了几点思考。

1. 要发挥大型科技公司的价值

文物进行数字化赋能，进而助力保存、修复，要比我们想得更难，最难的一点就是文物是非标准化的。中国古代的文物浩如烟海，涉及的类型太多了，古玩、瓷器、文献、图画、建筑等，它们都不是标准化的物体，怎么进行数据化？而且我们的文物，经过这么多年的风霜雪雨、地下埋藏洗礼，以及各种化学物质氧化等，变得更加不标准化，做到数据化难上加难。

而且可能大家不知道，很多精美绝伦的文物刚刚出土时是一堆碎片，文物的碎片拼接、复原也是大难题，而且很烦琐。如果

三星堆出土文物

能应用顶级科技互联网企业的数字化手段和AI技术（3D建模、图像识别等），将会提升文物修复效率。四川省文物局与腾讯达成合作，就是为了解决这些问题。

具体双方要干什么？我们可以畅想一番，假如掘开一个坑，有几千个碎片，头都大了。我们可以把这些碎片拿出来平铺开，拍摄360度高清图片，让计算机识别这些图片特征，根据碎片特征给出拼接建议，工作人员按图索骥，就像搭建乐高积木一样，高效地开展工作。

在腾讯助力文物数字化保护的同时，阿里巴巴也在加速行动，开展了一些行之有效的工作，计划用AI识别中国古籍的方式，将存放于海外的中国古籍，以数字化的形式接回故土，放置于阿里云平台，向所有人免费开放。

汉典重光主页

用了两年多时间，阿里巴巴真出成果了。2021年，阿里达摩院宣布完成了20万页中文古籍的数字化，识别准确率达到97.5%，最终沉淀为覆盖3万多字的古籍字典，落地"汉典重光古籍平台"。这些散落海外近百年的古籍善本，终于以数字化方式回归故土。

在今天，任何人有一台能上网的设备，就可以免费阅读到这20万页经典典籍，这其中有很多是已经失传许久的超级经典。

我们期待，阿里巴巴和腾讯这样的企业能起到示范带头作用，其他领军科技企业也参与进来，共同为文物的数字化保护、修复、传承、利用作出一些新的贡献。

2. 从全民共享到全民共建

我们总说，要让文化遗产全民共享，强调了人民的权利。与此同时，我们却忽视了人民的义务，也就是让人民大众参与到文化保护、修复的过程中来。

文物数字化保护、修复是专业技术，普罗大众怎么参与？很简单，有钱的出钱，有力的出力。

众所周知，文物进行数字化保存，是一个很大的系统化工程，需要花一大笔钱。而现在文物保护的一大难题，就是资金缺乏（或许有人会说，还有个原因是人才缺乏。其实人才缺乏，也是资金缺乏，重赏之下必有勇夫）。

充足的资金不能解决所有问题，但可以解决大部分问题。古迹、遗址、古籍不能总等国家拨款，也可以发动群众的力量，云冈石窟已经开展类似的实践。借助腾讯的公益平台，云冈石窟16窟项目筹得400万元群众捐款，缓解了资金之急，进而投入资源进行文物保护。

仓头伯王庙也有过"有力出力"的实践工作。2019年，来自五湖四海的群众赶赴山西襄汾，不问东西，不分彼此，为了中华民族文化的传承，人人奋勇当前，一砖一瓦参与仓头伯王庙的抢修工作。

人民群众参与文化保护，一般不图利，但可以给他们相应的荣誉感和获得感。以前，古建修复完成后，会以碑石记录参与者姓名，往往也会标注捐赠金额。现在进入数字化时代，可以通过发放数字化证书和奖章的方式，褒扬参与出钱、出力的群众，进而影响更多人参与到这项伟大的事业中来。

3. 保护和开发利用结合起来

2016年春天，我曾到运城、临汾一带走访，目睹了正在修复中的五龙庙。

五龙庙，也叫广仁王庙，是当世现存唯一的唐代道教庙宇，距今已经有1000多年的历史。可悲的是，这座唐代古建筑的门外堆着苍蝇乱飞的垃圾，污水横流，而庙宇本身也因为各种原因濒临坍塌。后来，幸有万科的王石先生，奔赴山西出资驰援，才有了五龙庙的修复。

我去的时候，有幸偶遇主持五龙庙修复的设计师王辉。王辉介绍了很多专业的修复知识，我不懂但大受震撼。王辉说五龙庙不仅仅要修复，还要把保护和开发利用结合起来，在修复五龙庙主体的同时，将五龙庙周边改造成一个容纳村民公共活动的露天博物馆，这个露天博物馆村民都可以来参观，休闲的同时获取文物知识。

后来，五龙庙成为全民所享，围绕五龙庙的这个露天博物馆成了村子里男女老少的活动休闲场所。

关于文物的保护和开发利用结合，还有一个案例就是我们熟悉的故宫文创。故宫文创闻名天下，每年创造几十亿元的产值。2021年，我赶赴故宫文创口红的合作伙伴——山东华熙生物走访，了解到故宫口红的主要成分就是蜂巢玻尿酸，柔软润泽，涂抹顺滑，能有效减淡唇纹，还能当润唇膏使用。我当时撰文赞扬称，故宫口红打造了一个中国古代文化和现代科技完美融合的案例。

在今天，伴随着数字化技术、NFT理念的落地应用，文物保护和开发利用结合的案例就更多了。山西省文化和旅游厅、山西省文物局联合腾讯依托腾讯幻核平台和腾讯区块链技术，推出"古建有画说"公益数字文创藏品计划，面向社会免费限量发行五款共计5万份的山西古建筑数字藏品，引发各界关注。

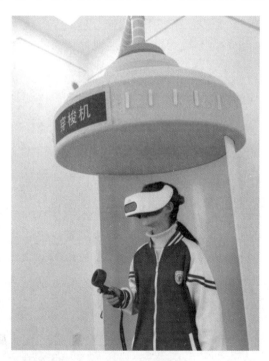

学生体验VR设备

还有很多企业利用VR技术，让博物馆走进家庭、走进校园、走进工厂、走进社区，创造了一定的经济价值，这也是一种保护传承和开发利用相结合的典型案例。在2021年5月18日国际博物馆日前夕，我赶赴北京交通大学附属中学校园博物馆进行参观走访。在这个几十平方米的空间内，配备了各类高科技产品，连接了无数的博物馆和艺术家，让学生品味到3D全息投影呈现的维纳斯断臂之美，体验VR科技带来的古今穿越震撼，直观地感受中华文明5000年的历史变迁……

第三章

创业进行时

哈啰出行的下沉实践：
与联营商利益共享

有一段时间，我开启了观察共享单车发展状况的走访之旅。

有朋友找我，问了我一个问题："这几年，你一直在各地下沉市场走访，到处都能看到共享出行的身影。以前行业百家争鸣，现在哈啰脱颖而出，为什么会发生这种现象？"

风靡各地的共享单车

我觉得这是一个有意思的话题，哈啰虽然成立时间仅仅5年，但在爆炸式发展的互联网行业，的确算跨越了好几个时代，而且每个时代都承担了行业领导者的职能。这好比《射雕英雄传》《神雕侠侣》中的郭靖，基本功扎实，在射雕时，年轻的郭靖就是和黄药师、一灯法师并列的一线高手，进入神雕后期，杨过等崛起后郭靖依然是一线高手。这几个时代，高手换了一拨又一拨，郭靖不但武功日臻绝顶，境界更是高人一等，领袖群雄，被各方赞誉和敬仰。

哈啰也是如此，在摩拜和OFO争霸时期，年轻的哈啰苦练基本功，后来凭借革命性的"免押"模式，后发先至逐步成为行业一哥。此后，哈啰业务四处开花，逐渐进化为包括两轮出行（哈啰单车、哈啰助力车、哈啰电动车、小哈换电）、四轮出行（哈啰顺风车、全网叫车、哈啰打车），以及新兴本地生活服务（哈啰酒店、到店团购等）的多元化出行及生活服务平台，注册用户接近5亿人。经过多元化发展，哈啰在拥有巨头光环加持的美团单车和青桔面前，就像神雕后期的郭靖一样，依然保持了领导力，运营体系明显领先行业一大截，为行业作出更大贡献。

如果要问哈啰为什么能一直保持领先，进而成为行业标杆，其实也没有什么难以理解的，简单来说就是哈啰把看似平凡的工作做到极致罢了。以消费者层面的需求举例，我们的消费者需要什么出行工具？很简单，就是"产品便捷、安全、好用、质量过关，走哪都有，另外价格合理"。哈啰把这些简单的诉求做到了极致，就成功了，当然背后离不开自身的研发、产品运营以及合作伙伴的支持以及联运，还有政策的鼓励，等等。

这些简单的工作背后往往需要付出不为人知的努力，要在后端做大量常人无法理解的工作和坚持。今天我就根据这些年的走访、观察，来聊聊哈啰在后端做的一些工作，以便大家更好地理解这家公司或者这个平台。

以人为本升级运营机制：夯实精细化运营能力

何为精细化运营能力？我们先来看一张图。

共享单车成拥堵"元凶"

这是3年前的北京望京SOHO的一隅，写字楼旁的道路被各种颜色的共享单车包围，原本方便人们出行的共享单车，成了阻碍人们方便出行的元凶。这一幕我们所有人都不陌生，是精细化运营的反面案例，彼时类似的情况在各地出现，共享单车被批评"只管粗放投放，不管精细化运营"，引发了全社会对共享单车发展的反思。

哈啰出行成立之初就明确了"长久发展依赖运营效率"的思路，把精细化运营提升到战略高度，"网格化运营+智能派单"等运营机制先后确立。这两年哈啰以人为本，从事前、事中、事后层面入手，不断夯实精细化运营能力。

2021年，哈啰在过往能力和措施基础上，又推出了"0530"系统。这套系统上线后，对响应、处理、反馈进行了明确的要求，例如要求哈啰运维在接到案件时5分钟内响应、30分钟内到指定地方进行清运动作，60分钟内完成清运动作，将淤积车辆调度至所需地方。

当然，清淤、保运只是哈啰精细化运营的体现之一，还包括定点还车、联动共治以及之前提到的物联网技术、调度系统合理应用等。

精细化运营带来的好处主要有3个方面，第一个是更符合政策倡导的方向，将会和城市管理者一道探索城市清洁、高效、智慧的运营模式，优化城市交通运管环境；第二个是消费者层面，消费者会更便捷、安全、智能地使用各类出行产品，真正意义上实现出行无忧；第三个是平台层面，精细化运营带来的是效率提升、成本降低，长远来看也为企业服务盈利奠定了基础。

特别值得一提的是，哈啰首倡的网格化运维、数据驱动等成为行业共识和共同目标，哈啰的精细化运营能力也成为行业学习的模板，为行业友商提供了可供参考和借鉴的范本，从客观上提升了城市共享出行的整体效能。

从"看不见"到"看得见"：技术永远是立基之本

哈啰首先是一家拥有强大技术能力的互联网公司，然后才是一家"做出行服务的企业"。哈啰出行在下沉市场强大的落地能力，一方面在其高效的运营机制，另一方面在其强大的技术加持。

哈啰有多重视技术？一组数据可以说明：截至2020年12月31日，哈啰出行在中国拥有45项版权、397项专利和411个商标。另外，截至2018年12月31日、2019年12月31日和2020年12月31日，哈啰出行的研发费用分别为人民币1.149亿元、人民币5.016亿元和人民币6.821亿元。其研发费用分别占总收入的5.4%、10.4%和11.3%。11.3%是什么概念？透过公开数据来看，这个研发占比超过以研发著称的阿里巴巴、腾讯两家互联网巨头。

在技术加持下，哈啰研发了一套智能调度系统，哈啰单车以及助力车后台可实现基于某一站点的站点属性、历史骑行数据、天气等因素，通过算法和人工智能对车辆供需进行预测；同时基于调度人员的实时位置、运力，生成不同点位的车辆调度任务。最终这些信息经分析汇总，为调度人员规划出相对最优的调度路线。对于用户来说，这些技术服务体系看不见摸不着，但反馈到

哈啰助力车

使用层面，就会明显感受到哈啰的车子"总会在适合的时间和地方出现"。这一点，也是我在太原、合肥、鄂尔多斯等下沉市场走访过程中最大的感受。

2020年哈啰有包括"一种服务业务的匹配方法、装置、计算机设备和存储介质"和"处理方法、装置、计算机设备、存储介质及车辆调度系统"获得两项发明专利授权，赋能哈啰顺风车的司乘匹配效率和网约车的运力调度能力提升。

车辆的维修、保养也全面应用智能技术体系，为每辆车建立了五维度"健康图谱"，为每一辆车的"健康状况"打分，从而进行分级管理与更及时的车辆保养。哈啰单车和助力车已完成国内超400座城市的规模覆盖，在强大的技术加持下，哈啰出行保障了300亿公里骑行总里程，为近5亿注册用户提供服务。

技术的应用远不止于此，像这两年技惊四座的小哈智能换电柜、VVSMART车机系统、厘米级定位等黑科技应用，都离不开无数研发、技术人员在背后默默地付出，这些看不见的付出，最终让哈啰获得了各方看得见的成绩。进而引发资本市场关注，开启了IPO进程。

打造联营商生态系统：共享出行产业红利

我之前就说过，共享出行大机遇不是某一平台的"独奏乐"，而是产业链条上的各个环节参与者共建共享共赢的"共鸣曲"。

哈啰很重视联营商生态系统构建，打造了一整套赋能服务体系，让合作伙伴可以放心无忧加入哈啰生态联盟体系，共同把市场蛋糕做大做强，享受行业发展带来的红利。

在下沉市场走访的过程中，我采访了哈啰在宁波的联营合作伙伴郑贤杰。郑贤杰告诉我，相比于另外两家共享出行服务平台，他在哈啰身上看到了更多自始至终的契约精神，以及从上到下的一种真诚。哈啰不画大饼，不用高额条件来谈判，更令人放心。

作者手绘共享单车图

经过走访，我进一步了解到，哈啰服务联合合作伙伴的过程中，会做开城支持、运营支持、中台赋能支持、组织支持等工作，全方位地帮助运营合作伙伴落地相关产品和服务，各地伙伴运营过程中的很多后顾之忧可以免除。理论上来说，立志于为消费者美好出行提供价值的创业者，都可以成为哈啰联营合作伙伴，并得到手把手的教学支持。郑贤杰告诉我，他和哈啰合作后，短短2年进入15城，大部分城市在开城6个月后就达到收支平衡，开始产生盈利。

经过两年多努力，郑贤杰已经成为哈啰电单车在国内最大的城市联营商，自身发光发热的同时，也激励了无数创业者就地创业，给社会带来更大价值。

郑贤杰的创业故事只是哈啰构建联营商生态系统的一个缩影，这样的合作伙伴遍布全国各地，他们正在和哈啰一道，为移动出行的美好明天添砖加瓦。 正如哈啰骑行渠道管理部业务运营专家朱胜利所言，一个优秀的生态环境绝不只靠哈啰出行的努力，而是哈啰与代理商共同推动着生态系统生长、进化、互利、共生。哈啰出行代理商环境不断优化，所对标的对手从来都是自己，而生态环境内的主体不仅仅是哈啰，同时还有行业内最出色的一批代理商。

哈啰出行其实不仅是一家商业企业，更是一家社会企业。哈啰出行另一面，也为诸多政策落地写下注脚。比如便利消费者出行、创造就业、消费升级、智能制造等。

这几年，哈啰两轮累计为近40万人提供工作岗位，上下游链接超过300家生态合作伙伴，拉动上游企业创造产值上百亿元，直接为上游创造超5万的就业岗位，间接为上游创造超20万的就业岗位。这些价值都应该进一步挖掘，从某种程度来说，哈啰覆盖越来越多地区，价值会进一步释放，估值就会持续提升。因此，我对哈啰的长期发展，充满了信心。

货拉拉遍地开花，助力灵活就业

"你为什么要加入货拉拉？"

"这活虽然没有五险一金，但贵在自由，不用像打工人一样看老板脸色。我每个月给货拉拉缴纳600元服务费，每天大概能接10单，平均每单40~50元。算下来，每月能赚七八千元，4万块买的五菱车，几个月就可以回本。"

装卸苹果的过程中，聊起养家糊口的话题，货拉拉司机李静打开了话匣子，和我讲述他天南海北的打工经历。

货拉拉司机李静

21岁的李静，少年辍学，拥有比绝大部分同龄人更丰富的人生阅历和打工经验。加盟货拉拉之前，种过地，放过牲畜，当过搬运工，在理发店也干了几天助理的工作。

在我们谈话的时候，李静身怀六甲的妻子站在一旁，柔情似水地看着他，眼里满是崇拜之情。

李静，只是货拉拉300万名司机群体中的一个缩影。在中国，有超过40万名的活跃货拉拉司机，辛勤地奔波在城市的角角落落，为3000万消费者提供物流运输服务。

这40万名司机中，有很多都是李静这样的家庭顶梁柱，承担着一个家庭的希望和未来。

奔流不息的货拉拉释放信号：疫情影响消散，一切回归正轨

2020年11月初，我又开启了下沉市场走访之旅。就我的实际走访观察来看，货拉拉不仅仅成为各大城市的货运运输生力军，在下沉市场也已经遍地开放，在城市大街小巷甚至村镇道路上，到处都能看到货拉拉的车辆的身影。

物流运输和经济发展息息相关，城市物流的复苏节奏，可以看作消费复苏甚至经济复苏的晴雨表。

2020年，货拉拉业务量同比下降了93%，单量只有疫情前的7%。同期，在一二月份，社会消费品零售总额52130亿元，同比下降20.5%。三四月份开始，随着疫情的阶段性抑制和复工复产潮的来临，各方面的数据开始复苏。

到了第三季度，经济数据开始转正，多个行业的运行数据超过2019年同期，达到历史新高。国家统计局统计显示，2020年第三季度GDP同比增长4.9%，工业生产已恢复至正常水平，服务业

则加速修复。货拉拉公布的最新数据也显示，在金秋拉货节总参与人数突破350万人，订单数同比增长达82%，单日订单量和月订单量均创历史峰值。

李静说，这一段时间以来，他能明显地感受到订单的增多。这一切的态势都意味着疫情对国内消费内需的不利影响正在消散，这些向好的成绩不是冷冰冰的数据，它让我们更有信心做好"六稳"工作，落实"六保"任务。

为什么选择货拉拉？ 智能AI技术赋能两端

作为一个消费者，选择一家货运平台时，除了价格因素，还会考虑到服务、安全、时效等要素。而作为一个"跑活"的司机，选择一个平台，最主要的因素就是"赚钱多"。

李静和我说，他在选择进入这个行业时，在货拉拉和其他公司之间做过对比，在他看来虽然货拉拉每月要抽取600元的服务费（如果不按照月度缴纳服务费，也可以选择让平台每单抽15%），但他认为货拉拉可以带来更多适合的订单和收入，所以综合对比后选择了货拉拉，此后的收入也证实了当初的选择。李静告诉我，他现在每月剔除所有的开支费用后，能结余8000元左右，这个收入在当地足够让人羡慕。

很显然，对于李静这样的司机来说，他选择平台的唯一因素在于这个平台是否能够给他带来更高的收入。那么货拉拉为什么能给司机带来高收入，原因很简单，因为货拉拉本质上是一家技术公司，这家公司拥有AI和大数据技术，通过信息化能力的输出，构建了一个智能化的调度体系，高效地匹配了车、货两端，让消费者可以迅速连接到司机，让司机就近接单，大大提高货运效率。任何行业，效率一提升，价值就会迅速显现出来。

　　有一个朋友认为，本质来说货拉拉就是货运版的滴滴。我认为这个论述只对了一半，因为货拉拉和滴滴的智能匹配技术有很多共通之处。而另外一半在于货拉拉运输的是货，运输货比运输人难度最大的地方在于货（主要说货的体积）不是标准化的"标的"，这就导致了货拉拉只能实现匹配端的信息化和数字化，而在实际承运的货物端，依然很难触及。

　　不过，货物端的数字化这一难题正在被货拉拉解决。货拉拉研发了一个AR技术，帮助司机师傅用手机就能实现对物体的测量，测量平均误差低于5%。对于司机师傅来说，这个功能使用门槛很低，用一部带有摄像头的手机就行，最终可以做到根据货物的测量体积与车厢容积匹配结果提供车型推荐，让车货匹配更高效。

AR技术测量物体体积

　　这个功能如果能推出并且大规模应用，我认为是行业的福

德邦快递打包场景

音，也建议货拉拉开放给德邦这样的合作伙伴。前不久，我通过德邦运输了四个大包裹，在人工测量体积环节，耗费了我大量的时间，我觉得这个时间可以节约出来。

互联网城市货运市场的三国杀，谁将颠覆谁？

在国内，提及城市互联网货运市场，主要的玩家有三个，分别是货拉拉、滴滴货运、快狗。

经常有朋友问我，这几家谁会把谁干掉？

我的答案是：如果市场足够巨大，完全可以同时容纳多家巨头同台竞技。短期内，谁也不会挤掉谁，谁也不会把谁吃掉。

从基本面来说，同城货运的数字化渗透才刚刚开始，智研咨询的数据显示，这个市场2018年超过400亿元，2019年达到496亿元，同比增长21.9%。看起来不小了吧，但中国同城货运市场2019年的市场规模是12732亿元。相比上万亿元的市场，几百亿元的在线服务市场占比非常小，但从一个侧面反映了这个市场蛋糕很大，还够切很长一段时间。

从格局来看，三大平台都各有优势和生存依托。货拉拉发力较早，有几大顶级资本支持，商业模式已经跑通；由58速运升级来的快狗，虽然已经独立运营，但58系的势能和资源还一直为其提供支持，子弹相对充裕；滴滴货运虽然发力时间较晚，但势头很猛，8城的日单量已持续突破10万，单位效率冠绝行业。

或许还有人会说，当年滴滴和快的不也合了嘛，货车帮和运满满不也合了嘛，这个行业的数字化渗透率是否低下，行业蛋糕是否庞大，似乎与行业之间拼杀以及兼并重组没有直接关系。

所以，我的回答前提是加上了"短期内"三个字。那么这个行业发展格局的变数出现在哪里？在我看来，不在于货拉拉和快狗，而在于滴滴货运。我们要密切关注滴滴货运对货运市场倾注的资源以及它后续的发展势能，滴滴货运在未来的发展节奏，将会促使各方重新审视连横关系。

另一个世界！黄土高原上的O2O发展见闻

这一次回来后，我跑了不少乡村后震惊地发现：我们当地很多村里的小卖部、便利店都已经不叫小卖部，不叫便利店了，变成了乐村淘O2O村镇商城体验店。

乐村淘商城体验店

O2O这个概念在北上广深等城市也才刚刚开始，但在我们这个五线甚至六线、七线的黄土高原，O2O竟然遍地开花，实在出乎我的意料。

很多人或许不知道山西吕梁的发展情况，吕梁13个县市中大部分都属于国家级贫困县，2014年GDP出现了罕见的负增长，当地政府每天讨论的问题就是产业升级转型。但苦于大部分的国土是沟壑累累的黄土高原地貌，且深居内陆，钢铁煤炭这种重污染粗放型的产业屡屡被批评。吕梁能出现O2O落地的项目，实在是想都不敢想。

在我们村头，每天日出后，会有一大群六七十岁的大爷一字蹲下，抽着烟侃天侃地。以前这个时候大家还在讨论粮食收成、子女婚嫁这样的话题，但今年新增了"O2O"这个让农民听起来非常洋气的话题，虽然大爷们经常把这个词汇读成"圈二圈"或者"零二零"。

跳过北上广深的农村O2O

我一直思考一个问题：随着信息时代的到来，中国近几年出现了很多新技术和新商业模式，主流的新商业模式都是由北上广深等一线城市开始，然后自上而下地向下延伸。也就是说等北上广深成熟后，再拓展到二、三线城市乃至五、六线乡村。但现在我们看到，O2O这项新模式我们的北上广深也才刚开始探索，而身处黄土高原的山西却轰轰烈烈地大举推进。变革发生得如此之快，实在出乎意料。

我相信不仅仅是山西农村，中国其他省份的农村也可能已经有类似的商业模式落地。比如2015年4月我去了一次江西南昌，讲新媒体的课程，抽空又去了南昌一些地方做调研，也发现了一些基于O2O模式的商城，虽然当下这些O2O的模式噱头大于实际应用，但起码概念层面的渗透在这些三、四线城市已经开始进行。

后来进一步观察后，我了解到仅仅山西一个省，农村的线下O2O体验店就达到了1万家的规模，1万家这数字实在骇人，这个数据甚至超过了很多知名连锁品牌几十年累积的数量。更为难得的是，很多山西本地的农民也加入O2O创业的浪潮中。

农村的O2O平台能提供什么服务

虽然仅仅山西一省就有1万家O2O体验店，但我们应该清醒地看到现在大部分O2O线下体验店还处在发展初期，很多区域的实体店并没有太多实际的O2O业务展开。一般来说，一个O2O店铺在村里开业，给村民一袋白面、一桶麻油大家就能初步认可你，并且短期内形成口碑效应。

那么如何能让山西的O2O店铺真正能发挥Online To Offline的作用，把线上线下联动做好，为广大农民发挥更大价值呢？在我看来这些店铺可以从以下几个方面入手。

第一，利用互联网思维，消灭中间环节，直达村头。小米和乐视经常喜欢讲的概念就是传统的产品经过中间层层渠道，价格卖得太高，所以我们要通过互联网思维，消灭中间环节，让产品和服务直达消费者手里。

在大城市的消费者体会到了层层渠道带来的高昂价格，而在五、六线农村可能经过的渠道就更多了，所以我们发现很多产品农村卖得反而比城市贵。而原本农村的收入水平又低于城市，所以长期下去会造成农村的消费频次低，商品种类越来越少。

那我们思考一个问题："农村是否也可以像城市一样，消灭中间环节，产品直达用户？"我的答案是"不能"，原因很简单，以我所在的乡村为例，地广人稀，一条沟里住了几户人，另一道梁上又住了几户人，快递成本非常高，厂家的东西不可能直接送到农户手里。然而现在我们看到山西出现的这种O2O店铺，就可以很好地解决这个问题，让原本的"厂家到家"变成"厂家到村"，村民通过家或者O2O店铺里提供的上网设备在线下单，最终通过这个O2O店面提货。

讲到这里很多人会说这不就是个代收快递的模式吗？其实不仅如此，O2O体验店必须有一个在线商城，这个商城的产品要区别于淘宝、京东等电商平台，推出的产品和服务要更好地满足农民的需求，而且这个商城要智能、可定制，根据大数据的算法做到每个村镇的村民看到的页面都不相同。举个简单的例子，某村干旱，急缺灌溉用具，该村村民经常搜索这个词汇，此时这个O2O体验店的商城就可以自动在首页显著位置推荐与灌溉相关的用具。

第二，上百亿的本地生活服务市场。前面说过黄土高原一条沟几户村民的情况，需要让原本的"厂家到家"变成"厂家到村"。但其实山西农村也有交通便捷和互联网普及较高的农村，但这些地方基于互联网的本地生活服务市场一直没有得到足够的发展。

比如2014年底我的小孩儿出生，因为在北京工作，想通过58同城找个保姆照顾我爱人。但58同城根本没有覆盖到我所在的村镇，而我们当地一定有人能提供这个服务。现在看来，这种信息的断层完全可以通过村里的O2O店铺来解决，做供求信息的汇总和审核。再如村里人修房子需要找工人、地里收成的粮食要卖给食品厂等需求也可以通过O2O店铺满足。

第三，金融贷款。城里人做生意每天喊贷款难，而农村农民贷款就更难了。银行不愿意做农民的小额贷款，造成了我们当地农村存在私自放贷的情况，因为款项利息和诚信问题，经常发生冲突。

我们的这种乡村O2O店铺，其实未来也可以做一个信贷平台，通过掌握的数据和过往行为记录，建立一套信贷风控体系，帮助农民更好地融到钱，回归农村创业。

互联网给山西带来新机会

我从小生在黄土高原，长在黄土高原。20世纪90年代，我比较早地接触了互联网，开始做互联网产业的分析研究工作。当时我认为山西要想转型，抛掉依靠煤炭增幅GDP的帽子，必须依靠互联网，只有互联网才能救山西。

黄土高原上的村庄

于是，十几年前我就跑遍了黄土高原上很多的乡村，通过开通吕梁县市的地方门户网站，做着本地生活服务创业的事情，希望帮助山西的企业、农民、机构和互联网能够链接。现在我知道当时做的项目就是乡村O2O，当然由于一些原因，我没能做起来。

这次回来后，我进不少村里的O2O店铺看了，发现这些老板们大多非常年轻，斗志昂扬，大家憧憬着通过O2O这种新模式发家致富的同时，也给家乡带来改变。

这段时间被山西农村的O2O项目震撼后，我干脆乘车转了大半个山西，发现山西包括阳泉、吕梁、太原、朔州在内的多个三线乃至四线城市都开展了各种高新技术园区、云计算中心、创业孵化基地，其规模相比北京、深圳等一线城市都不遑多让。虽然这些创新中心包括前文提到的O2O大多还处在开始阶段，有些项目含有炒作噱头。但不可否认，山西互联网已经迈出了坚实的一步。

厦门走访：
瑞幸何以助推咖啡回归大众消费品？

2019年，瑞幸咖啡引发巨大争议。

那个夏天，我在朋友的不解中，搭乘北京到厦门的航班，参加瑞幸咖啡2019年全球合作伙伴大会。

在舞台上，已经带领至少三家企业登陆资本市场的老陆（陆正耀，系瑞幸咖啡董事长）春风得意，一副"我就喜欢你看我不爽，又拿我没办法的样子"的表情，阐述了瑞幸的发展逻辑。

在会上，瑞幸创始人、CEO钱治亚在会上宣布，瑞幸咖啡将

瑞幸创始人、CEO钱治亚演讲

在2021年底建成10000家门店。在钱治亚看来，瑞幸不是在卖空间，是在卖咖啡；瑞幸不是"第三空间"，而是"无限场景"，瑞幸就是要让我们消费者能随时随地地享用到一杯好咖啡，这是整个瑞幸的战略目标。

我也饶有兴趣地在会后来到厦门市区走访瑞幸咖啡的落地情况。正如钱治亚讲的一样，瑞幸咖啡鼓励自提，很少做那种高大上的店面，把更多的成本放在后端的技术构建和前端给消费者的品质保障上。我在厦门大学的一家门店观察了十几分钟，几乎都是自提，很少有人悠闲地坐下喝咖啡。

模式创新和技术创新双向突破 回归咖啡和生活本质

咖啡和汉堡包、冰箱、汽车一样，是一个舶来品。究其本质，咖啡也同样如同这些物品一样，在世界多国都是一种典型的融入人们日常生活的大众消费品。

近二三十年来，咖啡在中国流行后，在精致的咖啡馆泡一个下午，变成了象征品质生活甚至身份地位的行为。大众有如此认知，自然在一定程度上抬高了咖啡的价格，以及建店成本。

瑞幸的出现，尤其是那句振聋发聩的"你喝的到底是咖啡还是咖啡馆"，警醒了大众，得以助推咖啡行业回归常识，回归本质。

当然，在这个"本质回归"的背后，是瑞幸构建的一整套的互联网运营体系。这套体系中，瑞幸进行了模式创新和技术创新的双向突破。

正如陆正耀所言，瑞幸咖啡的商业模式，是通过交易模式创新和技术应用，根本上改变了原有咖啡行业的交易结构，从而带来了交易成本的显著下降。同时，通过和各领域顶级供应商的深度合作，为用户提供高品质、高性价比和高便利性的咖啡及其他产品。

在笔者看来，今天的瑞幸构建了后端供应链体系，构建了前端运维体系，并且正在依托场景，利用包括手机App、小程序、美团外卖等在内的渠道，高效地让用户买到咖啡，享受科技创新给生活带来的改变。

咖啡回归本质之后，我们的生活也应该回归本质，追求自己所适宜的，不需要为浮华的东西付出额外的代价，这才是真正的生活之道。

精选全球顶级供应商 边际效应找到发展和盈利公约数

"一分钱一分货"是一个基本的商业逻辑，这一点毋庸置疑。但在信息技术裂变的当下，好的产品用的人越来越多，最终边际成本大幅降低，反而"物美价廉"。

瑞幸最让人不理解的地方就在于"你的咖啡售价比星巴克便宜，而你的供应商却是全球最顶级的，这似乎难以盈利，不符合商业逻辑"。

之前瑞幸公布过一些供应商名单，的确都是全球顶级。比如全球顶级咖啡机制造商瑞士雪莱（Schaerer）与弗兰卡（Franke）公司、世界百年糖浆品牌法布芮（Fabbri）公司、全球最大的乳制品企业恒天然集团（Fonterra）、全球前三的咖啡生豆贸易商三井物产（Mitsui Co.）、亚洲规模最大的专业咖啡烘焙厂之一台湾源友（Yeuan Yeou）等。

瑞幸之所以选择顶级供应商还有成本优势，就在于瑞幸的持续处于增量的规模效应。瑞幸拥有2000多家店面，超过千万用户，每年消费的咖啡杯量在亿级。规模发展越大，瑞幸的技术平台摊薄后的成本就越低，单店人力和店面管理成本也就越低。不久的将来，单杯咖啡的成本将会降低至10元以内。

因此，对于瑞幸来说，成本"大"和"小"是相对来说的。

选择顶级供应商，这是成本"大"的地方所在，因为顶级供应商能提供高品质，更有持续的供应链保障。在保障咖啡品质的咖啡豆、牛奶、糖浆等原材料方面，瑞幸选择的都是顶级的，这些都需要付出高昂的成本。

成本"小"指的就是瑞幸没有高大上的店面，也没有收银员，单店用工更少，鼓励用户自提和在线外卖，单店坪效更高。简单来说，瑞幸用数据驱动业务，而不是靠人海战术满足业务，这就是瑞幸高效运营降低成本的关键。

联动行业伙伴相互赋能 共享产业发展价值

瑞幸这两年高速狂奔，2019年3月在全国28个城市累计开出2370家门店。年内还计划增开2500家新店，"到今年底，我相信无论是在门店数量还是杯量上，瑞幸咖啡都将成为中国最大的咖啡连锁企业"。钱治亚2019年5月在厦门宣布了野心勃勃的扩张计划，瑞幸咖啡将在2021年底建成1万家门店。

瑞幸在自身高速发展的同时，并没有满足自身利益和价值的实现，也不愿意独享咖啡消费升级带来的产业红利，更没有追求短期的盈利。而是秉持开放的心态，让各方都深入地参与进来，共享发展红利。

不管对内部雇员（单小时薪水30元以上），还是外部伙伴，瑞幸都极为大方。尽可能地让参与者享受发展带来的价值，自己承担了较大的资金压力，瑞幸也由此造成了大额的亏损。当然，也只有如此，瑞幸才能在战略性亏损结束后，实现将来的战略性盈亏平衡到战略性盈利，而没有这个战略性亏损，就没有后续一切的可能。

瑞幸的这种策略现在看来，已经开始见效，为瑞幸赢得了广泛的支持。当瑞幸在厦门召开峰会，共举大事时，上千位全球各地而来的伙伴从千里甚至万里之外赶来为瑞幸站台，这种"用脚投票"的行为，已经说明一切。

当天的活动，瑞幸咖啡宣布已与法国路易达孚（LDC.）、瑞士雪莱、瑞士弗兰卡 、法国莫林（Monin）、日本悠诗诗（UCC）集团、韩国希杰（CJ）集团、中国顺丰集团等国内外著名企业建立了深度战略合作。会上，钱治亚代表公司向他们及近200家合作伙伴颁发了"瑞幸咖啡全球蓝色伙伴证书"。

瑞幸"朋友圈"能够扩充起来，显然不仅仅依靠"红利共享"，更来自相互赋能。这些伙伴给瑞幸供应了最顶级的原材料、运输服务等，而瑞幸反过来又赋能给它们包括高效增长、数据裂变等在内的诸多价值，各方实现了共赢。

韩国希杰（CJ）物流中国区总裁兼CJ荣庆物流共同总裁鱼在燃

我们以韩国CJ物流为例，这家韩国最大的货物配送公司，承载了一部分瑞幸供应链体系中的智能物流运输服务，双方的合作产生了很多有价值的数据。而在韩国CJ物流中国区总裁兼CJ荣庆物流共同总裁鱼在燃看来通过这些合作数据，有可能两三年之内实现预测性物流功能（通过收集的数字信息来预测客户需求和货量，并分配适合各流程的资源），高效地统筹调配运力和资源。

瑞幸的打法非常清晰，简单理解就是"战略上稳健，战术上激进"，一城一地的得失不会影响瑞幸的战略规划落地，瑞幸才敢于在亏损中一路狂奔，到了大众眼中就是"流血发展"了。

2021年，瑞幸实现整体盈利，并且因为签约谷爱凌，获得了广泛关注和好评。瑞幸后续发展，基本吻合了我提到的相关分析。

苏宁易购零售云点亮乡镇创业群体

"在我们这边，家电属于大额消费品。乡亲们选择来我们店里买家电，价格便宜只是一方面，主要是买得放心。送货、退换货、售后、维修等他们担忧的问题，都有苏宁易购担着，我们都不用操心。"

"这个地方叫阳曲县泥屯镇，我家去年加盟苏宁易购零售云，在镇上开了这家苏宁易购门店。和苏宁易购合作后每年新增几十万元的收入，家庭生活发生了巨大改变。"

"在乡镇卖家电，看起来容易做起来很难，就压货这一条，没有几十万元的现金想都别想，风险太大了。现在好了，开了苏宁易购后，库存都在线上，不用压货，也不用仓库，用较少的资金就把铺子运转起来了。"

这几年通过对下沉市场的走访，我接触了广大的消费群体和扎根县镇经济的创业者，倾听了大量来自一线的声音。

苏宁易购零售云这4年的发展历程，可以当作一个乡村振兴和县镇经济、县镇创业的范本来看待，有很强的研究意义和参考借鉴价值。

2021年8月11日，苏宁易购零售云召开4周年业务发布会，公布零售云4年下沉市场成绩单，全国累计开店超9500店，即将迈入"万店时代"，帮助超1800个品牌商下沉。同时进行破圈发展，涉足和家电3C高度关联的家居、快修2个新赛道。

苏宁易购零售云门店增长迅猛

在活动上，苏宁易购方面还分享了很多亮眼的运营数据，不过与之相比，我还是想探讨数据背后给广大创业者，尤其是乡镇青年创业者带来的价值，以及中国县镇经济和消费形态发生的一些变化。

从消费同步到创业同步 城乡二元差距缩小

这些年，我走访下沉市场，看到各大电商巨头纷纷发力县镇市场时，总结过一个词汇：消费同步！

正如我们之前在《扎根乡镇市场的苏宁易购零售云门店》一文中所言，因为电商巨头的布局，我们三至六线村镇消费者，也能和城市消费者一样，平等同步地享受到科技为生活带来的改变；也能和城市消费者一样，平等同步购买到全国各地乃至全球各地的商品；也能和城市消费者一样，平等同步享受到综合的服务体系。

以前在农村买家电，两年后发现电器坏了，去售后维修，很可能售卖的店铺已经不存在或者打太极，现在通过苏宁易购，购物无忧成了常态；在农村不敢买大家电，尤其我们这种山区送都送不来，现在借助苏宁易购配送体系，可以送到祖国各地。我在乡村地区走访时，看到苏宁易购工作人员，为了给一个住在偏远山区的乡亲送货，因路途坎坷、坑坑洼洼，后来甚至动用了一台挖掘机送货。

到了今天，我想在"消费同步"的基础上新增一个认知，那就是"创业同步"。

曾几何时，"去城市创业""在大城市开公司"是创业者的首选，仿佛只有城市，尤其大城市才是创业热土，县镇区域历来是创业荒漠。

现在有了苏宁易购零售云这种全新的智慧零售服务平台，整合了品牌、供应链、技术、物流、金融、运营等智慧零售资源，我们身处三至六线村镇创业者（也就是媒体眼里的小镇青年），也能和城市创业者一样，平等同步地享受到相对应的创业服务体系。

对于乡镇创业者来说，加盟苏宁易购零售云后，创业更简单、更高效了。他们可以轻装上阵，不必再堆积库存，不仅能享受苏宁易购的物流、服务、供应链和大数据等，还能得到苏宁易购专业零售团队的指导。在村镇开传统门店的创业者，可以实现传统零售门店到智慧门店的转型，新开门店的创业者直接一步到位，起步就是智慧零售门店。

2021年是"十四五"规划的开局之年，乡村振兴和返乡创业、乡镇经济等理念早已经上升到政策高度来支持、扶持。从某种程度上来说，从消费同步到创业同步以及将来的产业同步，最大的历史意义就在于中国城乡二元差距的全面缩小，这是历史性的巨大转变。

迎合政策发展趋势 夯实"服务者"角色

在苏宁易购零售云4周年业务发布会前夕，农业农村部发布了

《对十三届全国人大四次会议第1580号建议的答复》，释放了鼓励"返乡创业"的相关信号。在这份答复中特意提到，对符合条件的返乡入乡创业青年，及时落实税费减免、场地安排等政策。对首次创业、正常经营1年以上的返乡入乡创业青年，可给予一次性创业补贴。下一步，将加大政策扶持力度，优化创业服务，加强典型推介，吸引更多青年返乡入乡就业创业，为乡村振兴提供强有力的人才支撑。

一切的态势都在表明，乡村振兴和返乡创业高度关联，返乡创业、就地就业等工作做好了，就会为乡村振兴提供积极助力。

在新的历史时期，互联网平台应该发挥出比平时更多的价值，提供更多元的产品和服务，积极投身国家乡村振兴战略。苏宁易购也明确了苏宁易购零售云业务要为城镇创业者提供成熟的零售模式及全方位帮扶，进一步做好零售服务商、做强供应链，承担起了"服务者"的角色。

扎根银川沙漠小镇的大学生杨小龙，选择苏宁易购零售云，得到苏宁易购智慧零售供应链全方位的帮扶，生意越做越大。2020年双11，他的门店还享受到苏宁易购百亿补贴，双11两天成交过10万元；退伍老兵陈剑峰，在宁波泗门镇开店多年，见证了行业发展的风风雨雨。进入互联网电商时代以来，陈剑峰的门店经营逐渐显露出颓势，后来选择和苏宁易购零售云合作，增加了销售品类，提高了运营效率，"货速融"金融工具多次缓解了资金难题；安徽绩溪县的方佳捷，在加盟零售云的同时，又开了零售云&芝华仕合作的家居店，家居和家电相互联动，2021年6月份家居大概销售了19万元，家电业务销售额突破210万元……

李克强总理都赞赏，这种智慧零售模式不仅让个人实现了创业追求，还增加了财富。

苏宁易购零售云在带动大批小镇青年、返乡人员创业的同时，也带来了更大规模的就业机会。

我在走访的过程中发现，基本上每个苏宁易购零售云门店，都能聘请或者带动5—8人的就业（包含家庭成员的灵活就业），假设零售云完成1.2万家的累计开店目标，那将可能解决近10万人的就业，是一个极为可喜的成就。

而且零售云门店只是链条中的一个环节，算上仓储、配送、售后、销售等就业岗位，提供的就业机会将会更多。这次苏宁易购零售云在2021年811发布会上宣布进入家居、快修2个新领域，相信将会带来更多的创业、就业新机会。

助力乡镇创业者开店的同时，苏宁易购零售云反过来也帮助近1800个品牌实现了覆盖下沉市场的目标。相比传统的具有4—6层的总部到门店的零售网络，苏宁易购零售云的优势在于直接对接品牌方和创业者，这样作为中间服务的苏宁易购就可以更直观地明确供需两端的痛点和需求，同时由于苏宁易购早已经打通了消费者层面的数据体系，那么基于此就可以探索更精准的供货产品和更高效的供货模式。比如苏宁易购一直倡导的C2M模式，用平台化的运作方式，向工厂反馈精细化的用户消费与使用信息数据，帮助品牌推出更符合当下消费者需求的产品，进而更快地切入本地化市场，有效实现终端下沉及市场覆盖。

相互赋能，乡镇创业群体点亮苏宁易购零售云

在下沉市场走访的过程中，有朋友和我说如果没有苏宁易购全方位地赋能，这些身处乡镇的青年很难敢于踏出创业第一步，进而改变生活境遇。同样，对于一些品牌方来说，昔日主要在城市开展业务，现在有了下沉市场的消费数据和苏宁易购的平台助

力，就可以更好地在下沉市场销售产品、开展业务了。

对于这个观点，我只认可一半。因为，赋能和扶持都是相互的，苏宁易购给行业带来价值的同时，行业也反推给了苏宁易购新的增长机会，这个我们需要深刻地认识到。

透过这几年苏宁易购尤其零售云业务发展历程来看，乡镇创业群体某种程度上也点亮了苏宁易购零售云，让苏宁易购零售云的诸多理念得以落地。我们可以试想，假如没有这近万家合作伙伴的参与，苏宁易购零售云的智慧零售解决方案也只是一个空中楼阁般的概念。

在广大合作伙伴的参与下，苏宁易购现在在全国拥有超1万家智慧门店，覆盖全国31个省级行政单位的上万个乡镇，双线服务近7亿名会员。这样庞大的数据体量，也让苏宁易购拥有了无法用资本计算的价值。如果将来苏宁易购零售云单独放到资本市场，相信也会有不错的表现。

而且我们可以预计，将来通过苏宁易购零售云门店带来的区域客流和品牌价值，也有望为苏宁易购零售云体系内其他品类的门店发展（比如现在已经上新的家居店和快修店）奠定良好的基础。以快修店为例，有了零售云构建的解决方案和打下的基础，苏宁易购零售云快修店在2023年就要做到3000家店的目标。

今天的苏宁易购，正在将其积累30年的零售服务能力，不断地通过零售云体系释放，未来有望基于家庭消费场景，全面地进入县镇消费者的生活，为他们提供一站式购物新体验。苏宁易购自身也将借此不断迭代升级，零售云服务能力持续提升，继续探索新的机会。

第四章

从扶贫到扶智

拼多多的另一面：
带动区域脱贫致富 扶贫又扶智

"电商，在农副产品的推销方面是非常重要的，是大有可为的。"

"直播是趋势，要好好珍惜。"

2020年4月，在陕西考察期间，习近平总书记为电商助农、电商直播等新业态点赞，极大地鼓舞了我们所有人。

我自己作为一名科技自媒体人，这几年主要的选题就是农村互联网观察和电商脱贫，为此我每年都抽出两三个月时间深入山西、陕西、河北等地的贫困地区，做大量的走访工作。看了央视的系列新闻报道，感触可能比其他人更深刻一些。

尤其在央视报道画面中，看到对陕西利平县多多农园合作社负责人王秀梅的采访，感慨更深。王秀梅通过"电商+合作社"带领乡亲们脱贫致富的模式，受到了习近平总书记的亲

王秀梅接受央视采访

切鼓励。

王秀梅带领乡亲们所践行的这种新模式，和我一直观察研究的选题"电商扶贫又扶智"非常吻合，也就是本书反复提及的三路中的"脑路"建设。

现在，我们就结合拼多多这家企业的相关案例，来聊聊这个话题。

扶贫更要扶智，电商"授人以渔"进行时

电商扶贫战略上，不仅要扶贫，还要扶智。近期，我在下沉市场的走访中，观察到很多地方开展了各种类型的电商、直播带货培训班，做的就是扶智的工作。

多多农园的王秀梅在带动乡亲们通过电商脱贫致富的同时，也承载了当地"扶智"的作用，通过电商培训、联动创业孵化等形式，打造多方共赢的合作社，把最新的电商运营技能和互联网理念传导给当地农户。

这种平台提供支持（拼多多提供了52万元启动资金以及业务培训、流量扶持），乡村带头人带领群众实践的综合电商脱贫体系，不仅带动了当地品牌的向外扩散升级、给地方群众增收，同时也富裕了大伙儿的"脑袋"，让广大在乡和返乡创业的农民成了"新农人"。

可以说，这种"电商+扶贫+生产组织形态"的扶贫新模式，就是典型的扶贫又扶智，不仅极大地增加了贫困户的收入，也为电商助农提供了全新思路。

我们一直讲不仅仅要当下扶贫、脱贫，更要巩固扶贫的成果。通过引进这种创新的模式和思维，嫁接主流的电商平台，能让广大贫困地区的农民一直"有活可干""日子有奔头"，这就

能持续保障扶贫的效果，防止返贫，并且还能先富带动后富。

后疫情时代，"电商+直播"等创新模式大有可为

在后疫情时代，常态化的防控势在必行。此阶段，各类"无接触"式的经济活动成为主流，火爆的"电商+直播带货"，无疑就是最佳的"无接触"式经济活动，可以说直播带货的盛行，是电商产业复苏甚至脱贫致富的利器。

丰富的"展现形式+互动形式"，造就了直播电商的火爆，这种火爆要远超过传统电商的发展态势。

2020年2月，王秀梅发现拼多多上线了直播功能。为了带领51户贫困户顺利脱贫，王秀梅走进了直播间。拼多多派出多多大学的培训人员向王秀梅和合作社的贫困户进行了远程指导。此后，在拼多多做直播卖扶贫产品，成了王秀梅的新工作。王秀梅的直播尝试还不错，店铺一度成为养生茶类目好评榜的第一位。

王秀梅"直播带货"

2020年4月23日，央视新闻联手拼多多开设"脱贫攻坚大联播"首期陕西专场，王秀梅作为大"网红"来到直播间，为当地特产"代言"。当天，整个"陕西助农优品馆"订单突破60万，销售额1800万元。

拼多多联合央视开展助农活动

事实上，王秀梅只是直播电商产业浪潮中的一个缩影。为缩短农产品流通链条，打造农产品电商品牌，拼多多在全国各地培养了上千名新农人，由新农人作为带头人，带领当地农民及贫困户开设电商店铺。

拼多多的电商直播"下乡"助力农产品上行，已经成了常态化的举措。截至2020年4月20日，拼多多联手各地政府打造了近50场市县长助农直播，累计售出滞销农产品超过6亿斤，帮扶农户超过18万户。

直播电商正在成为刚需，在疫情过去之后这种模式还会高速发展，并将成为推动中国电子商务甚至中国新经济继续增长的一个新火车头。

电商扶贫破局的关键：道路、网路、脑路三路要打通

我在各地做下沉市场的走访，发表了一系列文章。其中有很多内容和电商带动乡村农产品上行、助力脱贫致富有关。经常在文章后面，我看到类似"农村电商的发展，到底依靠哪些条件？"之类的留言，很多人关心这个话题，我这里就再次作出回答。

在我看来，农村电商破局的关键在于三条路的打通，分别是本书反复提及的道路、网路、脑路，我们以陕西平利县为例继续聊聊下沉市场的三路。

道路：农村最后一公里路修好了，农产品才能通过电商平台，销售到全国各地。

以平利县为例，身处黄土高原地带，公路是平利县唯一的运输途径，是平利发展的关键所在，也是制约产业发展、阻碍群众脱贫致富的首要因素。平利县这几年全面加快贫困村交通基础设施建设，把公路修进村组、园区，进一步改善群众出行环境，打通制约群众脱贫致富的"最后一公里"。

网路：平利县所在的安康市高度重视互联网、通信建设工作，连续4年加快通信基础设施建设行动，成效显著，安康市光纤网络、4G网络覆盖的广度、深度、速率加速发展，为数字经济发展提供基础支撑。

以中国移动为代表的运营商积极行动，在当地不断扩大宽带网络覆盖，提高宽带网络速度。不仅城市地区，就连偏远的农村地区，也有运营商的宽带网络覆盖，4G早已普及，5G加速落地。

脑路：平利县这几年做了很多开放当地乡民"脑路"的事情，2016年，在中央和省政府的支持下，平利县正式被确定为国家电子商务进农村综合示范县，随后，平利县开始引进物流公

司、培训电商人才、设立专项基金，走上了鼓励电商创业、快速发展电商的道路。

"多多农园"创业项目启动会

2019年，在国家扶贫办的指导下，拼多多与陕西平利县政府签署"扶贫战略合作协议"，此后我们看到"电商+扶贫+生产组织形态"的扶贫新模式在平利县的深耕落地，极大地鼓舞了当地农民通过电商脱贫的信心，电商带动就业成为当地的热门现象。

这两年，平利县推动"第一书记"网上扶贫超市建设。同时，平利县按照远程教育"八个一百"扶贫工程部署要求，充分发挥远程教育资源优势，认真开办远教扶贫电商示范店，积极推进远教扶贫与电子商务深度融合，着力提升远教助力脱贫攻坚水平。

小县城大力开展"网络反诈"宣传教育

1

2020年4月，我继续在山西各地走访下沉市场，了解农村互联网和县域互联网经济的发展状况。

在之前的走访文章中，我提到过农村互联网经济正在体现更多元的发展态势，并且积极肯定了各地通过互联网新模式带动区域经济发展、助力脱贫的举措。

然而发展和问题总是对立并存，互联网在农村和县域高速发展，方便消费者的同时，也因为这几年频发的网络电信诈骗、刷单黑产等问题，给消费者带来财产丢失、信息泄露等损失。

如何提高县域消费者乃至乡村网民的网络防骗意识，在更深、更广的公众层面把健康上网的知识传递给这些地区的网民，是一个值得探讨的话题，各方应该积极地去实践。

这段时间在山西省方山县的走访，给了我一些新的启发和感受。

2

2020年4月15日，在全民国家安全教育日期间，方山县公安局网安大队开展了形式多样的"防网络电信诈骗宣传"活动。

就我的走访来看，很多地方都有类似的宣传活动，那方山县有什么特色呢？我总结起来，有以下几点：

第一，从群众中来，到群众中去。众所周知，广大网民是网络社会的主体，是维护网络安全的主力军。维护网络安全，离不开每个网民的积极参与和主动行动。方山县公安局网安大队长刘中生告诉笔者，方山县的防网络电信诈骗宣传活动，注重发动群众的力量，培育群众主动参与的积极性，让广大群众学习健康上网的知识，提升网络防诈防骗意识。

方山县街头开展反诈宣传

第二，实事求是，线下线上协同。网络安全教育虽然是关乎"网上"的活动，但离不开线下的协同。方山县公安局网安大队没有把网络宣传停留在网上宣传，而是两条战线同步推进，除了利用好网络宣传渠道之外，还深入广场、街面门市店铺、小区门口等人流密集地，直面广大网民，发放各类资料，宣讲网安知识。

第三，开放心态，跨界合作。这一点本来是互联网企业的玩法，这种互联网企业才有的互联网思维也被方山县公安局利用起来。在全民国家安全教育日期间，除了网安大队的力量以外，还跨界合作了顺丰快递，让奔走在大街小巷的快递小哥，也成为网络安全的宣传员，提升了宣传效率，教育了更多的网民。

方山县公安局联合顺丰快递开展反诈宣传

3

电信诈骗和网络违法犯罪行为的危害有多大，各大媒体早已报道多次，我不再分析。

我更想探讨的一个话题是：为什么下沉市场（四至六线城市、县镇、乡村）更需要"网络反诈"宣传教育？

之所以提出这个问题，是因为我这几年在各地乡镇和农村的走访中，感受到电信诈骗等不法行为，更容易在农村消费者中得手。我见到了大量的家庭因为网络诈骗、电信黑产、网络传销、网络借贷等不法侵害陷入困局，生活受到了很大的打击。

相比更早接触互联网的城市网民，农村网民相对来说网络防范意识薄弱，而且大部分人身处熟人社会。电信诈骗犯罪分子冒充受害人的亲朋好友，网站客服，甚至假冒公检法等行政部门行骗，有一定的迷惑性。

另外，电信诈骗和一般的偷抢盗不同，无法单人作案，甚至单独的团伙也无法完成整个作案流程。这是一套利益、分工明确的链接体系，包括信息泄露和贩卖、"作案岗前培训"、群发软件技术研发等多个环节。这些"高明"的行动让人防不胜防，对于很多连微信密码都不会修改的农村网民，很容易上当受骗。

所以，我认为全民国家安全教育日期间，做更深入、更下沉的网络电信反诈骗宣传，很有必要，方山县所做的一系列宣传举措，可以起到示范作用。

4

方山县，何以打造网络反诈宣传示范县？

除了上述提到的三大特征，还因为方山县将网络安全宣传做成常态化，而不是突击的行动。

比如，2020年1月3日，方山县公安局网安大队采取"定点+流动"的方式深入麻地会乡各村（社区），开展防范网络电信诈骗宣传活动；同月，方山县公安局网安大队在金融系统、三大运营商及人员密集地开展了防范电信诈骗宣传活动。

平凡造就伟大，伟大成就来自点滴工作。正因为这种常态化的工作不断深耕，得以让方山县的网络安全宣传拥有更强、更深、更广的宣传效果。

这种工作体系一旦建立起来，除了网络安全的宣传教育，在很多事情上都会收到奇效。比如在疫情期间，方山县网安大队等部门，就通过常态化建立起来的工作组织模式，迅速地完成了各项宣传和舆论引导工作，营造了和谐的上网环境。

特别值得一提的是，方山县虽然经济面貌比较落后，但互联网思维并不落后。早在十几年前，方山县就拥有了地方门户网站和各种信息平台，前几年方山县各级教师接受信息化教育教学培训，甚至方山县的很多偏远山区都能畅快地连接4G网络。

这些工作，都值得肯定。

5

这几年，我国网络安全诈骗防控形式严峻，相关数据显示，2019年我国收到网络诈骗举报15505例，人均损失24549元。

很多人对高发的网络安全事件表达了悲观的态度，我觉得大可不必。一方面，这几年网信办协同相关部门，出台了一系列的法律条款，包括《互联网信息搜索服务管理规定》《移动互联网应用程序信息服务管理规定》《互联网直播服务管理规定》《网络音视频信息服务管理规定》《儿童个人信息网络保护规定》《网络信息内容生态治理规定》等，为依法治网奠定了坚实的法律基础。有了这些法律和条款，真正从源头上有法可依，打击各类网络诈骗的不法分子。另一方面，各省、市、县强化了网安团队的建设，有了执法层面的保障。更为重要的是，作为我们广大普通用户，接受了这么多年的教育，也已经极大地提升了防范意识。

事关网络安全，作为普通用户，还要做到以下几点，第一，提高网络安全意识，时刻绷紧头脑中的一根弦。第二，电脑访问网页使用安全浏览器，智能手机最好安装相关安全软件。第三，不同账户不要用同样的密码，尤其是弱密码。第四，勇于维权，发生利益受损之后，通过多种方式维权。

第五章

电商凶猛

2021年双11观察：
双11为什么依然有热度？

2021年双11前夕，互联网行业广泛流传一个说法："2021年双11要哑火了。"

甚至专注电商报道的亿邦动力，也在2021年11月11日当天推出了《破天荒！2021亿邦双11特别专题》，头条文章就是《破天荒双11哑火》。

亿邦动力报道双11

也有几位媒体朋友问我怎么看待2021年双11，不公布数据是不是说明数据不好看。

我说不对，根据我走访观察获取到的一线信息来看，2021年双11其实也很热闹，各大商家和平台参与积极性很高，只是在传播层面比往年弱化了很多。比如下图中京东家电在某地举行的品牌商活动，依然高朋满座，各方信心十足。

品牌商举行双11活动

苏宁在各地的零售云门店也积极参战双11，1万多家扎根于县镇市场的店面摩拳擦掌，迎接广大父老乡亲。

当然，我们得客观承认，过去两年，因为新冠肺炎疫情暴发、人口红利见顶等因素，互联网经济确实遭遇了增长难题，但中国消费力的基本盘还在，被誉为经济晴雨表的双11绝对没有到了"哑火""山穷水尽""不行了"的地步。

既然如此，那为什么很多专业媒体和业界人士也发出"2021年双11哑火了"的观点？在我看来，主要有以下几个原因。

原因一：战线拉长

以往双11集中在具体某一天，零点过后集中开抢，几亿人开启买买买，短期内各项交易数值会大幅度暴增，从视觉冲击力层面来看无比震撼，自然会给人留下"火爆""大促"的印象，专业人士也会感受到中国经济蓬勃而发的活力。

后来双11战线拉长到11月一整月，2021年更是进一步前置到10月20日晚上8点。周期拉长有什么好处？首先，从消费者到商家再到平台，不再用集体熬夜抢购和保供，同时也就有了更多的时间和精力，以及更好的身体条件去开展工作。其次，我们的产业链就像一个弹簧一样，它不会因为瞬间的拉长和缩回而影响稳定性，对于行业结构调整也有助益。另外，充足的时间才能保障服务和供给的有序提供，双11才找到了发展数量和发展质量之间的平衡。

战线拉长后，11月11日当天也就没有了过往的紧张和狂热，相比之下甚至有些平淡。经过和往年的对比后，很多人就会有"2021年双11好冷清"的感受。

原因二：常态化

俗话说，越重要的东西，越没有感知。双11进入常态化之后，重要性没有弱化，但存在感弱化了。

我们举个例子，比如说给你3秒时间，说出家里几件给你带来惊喜的物品或者你认为很重要的物品，你可能会说出戴森吹风机，可能会说出苹果手机，但几乎不会喊出水和电。

当下的双11就是类似家里水和电般的存在，明明很重要，但身处其中越来越感知不到它的存在。

疫情防控也是如此，2021年通过百度搜索口罩的人远比2020年少，但口罩的销量又比2020年多。常态化之后，关注度就会降低。

总之，记住一个定律：任何重要的事情一旦融入我们的生活，它的重要性和存在感就会成反比。

原因三：平台宣传预算减少

可能传媒界的朋友感受到了，2021年各大平台都大幅度削减了关于双11大促的传播预算。在这其中有几家是因为生存困难没钱宣传，也有几家是低调运营不愿大肆宣传。

2021年双11，各大平台的宣传更聚焦具体业务，而不是各种高大上的数据。各大平台更注重发展质量，而非发展数量。更务实的互联网巨头减少或者分散了宣传预算，并且减少了各种高大上的口号和数据宣传，造成了双11"哑火"的假象。

后续的数据，印证了我的论述。2021年11月12日零时，一年一度的双11年终大促落下帷幕。公开数据显示，2021年双11天猫交易额达5403亿元，同比增长8.45%，2018—2020年，交易额增速分别为24%、28%、85.62%；京东交易额超3491亿元，同比增长28.58%，2018—2020年，交易额增速分别为25.72%、27.9%、32.82%。全网交易额为9651.2亿元，同比增长12.22%，接近万亿元大关。

平台决战双11

这些数据，成功反驳了"双11哑火论"，凸显了中国经济蓬勃发展的活力。

我们有必要讨论，在各种内外风险因素交织的当下，双11为什么依旧能行，并且保持了难能可贵的高效增长。当然，在讨论"双11为什么依然有热度"这个行业话题时，我们本质上要探讨的是"中国经济为什么依然有热度"这个时代大话题。

双11继续保持可观增长，我们看到了中国经济和中国消费的基本盘稳定，并且稳中向好。反过来看，经济大局稳定和内需持续增长也是决定双11消费增长的根本要素。国家统计局发布的2021年三季度相关数据，显示前三季度市场销售保持增长，社会消费品零售总额318057亿元，同比增长16.4%，升级类和基本生活类商品销售增长较快，网上零售额同比增长18.5%。全国居民人均消费支出同比名义增长15.8%，两年平均增长5.7%，比上半年有所加快。这些数据和双11的增长势头基本吻合，说明双11和中国经济的同频共振。

2021年双11，透过各大商家尤其是中小商家的积极参与，我们看到了更加公平的市场竞争格局，更有希望的增长环境。这一年来，行业反垄断已经深入人心，备受诟病的"二选一"基本消除，长期笼罩在商家身上的枷锁一去不复返。广大商家和品牌以前所未有的热情迎接双11，迎接新时期的消费红利。双11期间，一则《大战"阿里公关天团"，野马财经李晓晔诉讼赢了！》文章刷屏，这起官司并不大，但释放的信号积极明显。说明任何电商平台都没有超越法律的权利，电商一家独大的时代成为过去时，有序、公平、开放的竞争态势成为主旋律。

商业和服务高效流通往来，我们看到了疫情成功控制后迎来的全面复苏和增长。我在接受《环球时报·英文版》采访时，提到中国疫情防控取得举世瞩目的成就，进出口规模不断扩大，国内内需持续激活，物流、商贸、数据往来在后疫情时代基本做到畅通无阻，为互联网经济的持续稳定发展提供了基石保障，为后续繁荣稳定奠定了基础。

2021年双11，我们看到各大主流零售、电商平台解放思想，各显神通，积极利用有利条件，发挥优势资源，完成了一届高质量的双11。以京东为例，创造性地将双11提前到10月20日晚上8点开始，给了消费者更充裕的商品选购时间，并且推出一系列售后无忧服务。以苏宁为例，2021年重点挖掘县镇市场潜力，各地零售云门店也积极参战双11，1万多家扎根于县镇市场的店面提前做好准备，为乡镇市场供给优质产品。以阿里巴巴为例，继续发扬电商直播优势，双11当天电商直播交易额突破200亿元。以国美的真快乐为例，升级"乐+购"板块，促进交易增长的同时，激活用户主观参与性，降低平台营销费用，达到降本增效。

手绘双11主流参与平台

2021年双11期间，物流爆仓和数据爆仓问题基本解决，我们看到了国家和社会基础设施"道路""网路""脑路"的逐步完善。

双11既是经济的晴雨表，也是试金石。成功通过大考的2021年双11，必将极大提振经济士气，鼓舞经济社会各环节参与者以更饱满的姿态迎接更具挑战的新工作。

东莞走访：
跨越180年 从虎门销烟到亚洲最大物流中心

1

这一次，我又来到了东莞。

徜徉在阳光和煦的东莞街头，我一直在思考一个问题"如何重新认识东莞？"

180年前（1839年），林则徐虎门销烟，掀起了近代中国人民反抗外来侵略的历史篇章，是在东莞；180年后，智慧物流画卷徐徐展开，亚洲最大的一体化智慧物流中心拔地而起，也是在东莞。

跨越180年，有太多个先例和"第一"发生在东莞。改革开放初期，全国第一家对外来料加工企业在东莞建成；东莞占据全球手机生产制造25%的份额，稳居全球第一；东莞在全国率先试点商事制度改革，给其他地区提供了积极借鉴意义。

至于"中国厕所覆盖率位列第一""政商关系健康指数第一""中国公园数量排名第一"这样体现软实力的维度，东莞更是所在多有。

2

这次来东莞走访的第一站，是亚洲最大的智能物流中心——京东东莞亚洲一号。

其实早前我也参观过京东在上海等地的亚洲一号，也走进京东江苏昆山自动化分拣中心，感叹于一台台分拣机、堆垛机、AGV叉车有条不紊地高效工作。但这次来到东莞的亚洲一号，还是感觉到了新的震撼。

首先的一个观感就是"大"，这个物流中心建筑面积有50万平方米，相当于北京故宫的开放面积，自动立体仓库可同时存储超过2000万件中件商品。我们在这个中心参观不同的作业空间时，都是以大巴代步。

其次就是"智能"，各个环节均大规模应用了机器人和自动化设备，自主研发的信息系统，具备调度、统筹、优化以及数据监控全方位功能，从堆垛到分拣几乎全部实现了无人化。值得一提的是，东莞亚洲一号结合了仓储和分拣的双重功能，分拣机上的800多个分拣滑道将包裹分别分拣运送到不同的运转中心（有些是最后一公里的配送站，有些是城市间的物流中心），准确率达到99.99%。

京东东莞亚洲一号

京东的工作人员和我们介绍，这个中心单日订单处理能力达到160万单。可能很多人不知道160万单是什么概念，事实上任何一个物流中心，单日处理能力超过100万单，都可以称为全球顶级的物流中心。

从虎门销烟到亚洲最大物流中心，东莞伴随着国家发展脉络，经历了180年的沧桑、改变。

3

众所周知，粤港澳大湾区一体化建设已经升级为国家战略。我们打开中国地图，不难发现东莞就是在大湾区的中心地带，东莞的麻涌（chōng）镇处于大湾区的中轴腹地，同时也是东莞唯一一个拥有两个国家级一类港口——新沙港、东莞港麻涌港区的区域，区域优势极为明显。

京东的东莞亚洲一号，就在麻涌地界。

京东和东莞麻涌的缘分很早。早在2014年6月，大湾区一体化的概念还没有提及，京东物流就依靠其精准的市场洞察力，提早布局，在东莞麻涌自建了第一个拥有全自动机器人设备的分拣中心。现在东莞的亚洲一号全面启用，一方面强化了京东全国亚洲一号战略布局，另一方面也让京东物流的智能基础设施建设与大湾区区域经济融合更加紧密。

可能很多人都忽视了一点：京东亚洲一号其实不仅仅是一个超大型的智慧物流中心，更是一个区域生态中心。

这好比一所知名高校落户某地，会伴随而生的一系列供应、服务体系，满足人们的各类需求。京东亚洲一号本质上来说做的是物流供应链的服务，而物流又直接联动了信息流和资金流以及技术流和人才流，那么它无形中也将为大湾区创造新的就业机会和岗位，为大湾区相关的企业、机构提供更高效的竞争力和创新发展力。

举个简单的例子，京东物流在整个大湾区每天高达250万单的处理能力，那么大湾区的企业就可以利用京东开放的物流体系（包括智能仓储矩阵、生鲜仓运体系等），促进商品的高效流通运转，进而为区域经济的降本增效带来实际的价值，长远来看也就推动了大湾区的繁荣发展。

4

在和友人刘敏华走访东莞的过程中，我们聊起了一个话题——镇域经济。

县域经济我们比较熟悉，那镇的体量那么小，能叫镇域经济吗？东莞的答案是：能！

东莞在1988年升格为地级市，目前全市共33个镇街园区（含松山湖）。在东莞，大部分的镇比中国大部分的县GDP都高，虎门和长安、松山湖这3个镇的GDP均超过600亿元，厚街、塘厦二线镇也超过400亿元。

华为手机是东莞松山湖（园区，相当于镇）的企业，OPPO和vivo是东莞长安镇的企业，京东亚洲一号是东莞麻涌镇的企业。很多镇都有了自己的产业链，做手机的和做鞋子的都可以在东莞规模化发展，互不冲突。

镇域经济相比县域经济来说，灵活度更高、能更快速地根据政策、产业的发展变化而变化，进而调整发展策略乃至发展定位。

比如松山湖这个地方，灵活地实施了一个很大胆的战略，叫作"大招商"（如果这个大招商战略是市级甚至省级的，光论证估计就得很长时间，论证好了发展风口也就过了），引进了一大批大型高新技术企业，GDP直接从300亿元级（2017年）跨越到

600亿元级（2018年），这样的发展速度堪称全球区域经济奇迹。

5

东莞的标签有很多，除了上文的虎门销烟和亚洲一号，我还会想到袁崇焕、华为松山湖、OPPO、vivo、步步高等关键词。

但是，我周围的人并不这么想。

我先后来过两次东莞（另外一次是2013年，当时走访了OPPO等企业），第一次来的时候，我简单和几位朋友聊了下东莞印象，时隔多年我的朋友们对东莞最主要的印象还是那并不光彩的标签。虽然我一直强调朋友们应多关注东莞的工业制造和科技创新。

东莞宣传部门应学会利用新媒体思维，强化传播宣传。

告别"逢大促 必爆仓"时代
京东亚洲一号矩阵浮出水面

2017年9月，伴随着南方阴雨绵绵的天气，以京东"上海亚洲一号"智能物流项目和"江苏昆山无人分拣中心"为代表的智能化物流矩阵首次全景式对业界公开展示。

我从北京赶赴上海、江苏等地，走访、参观京东物流建设的最新成果。

作者丁道师参观京东上海亚洲一号

在整个参观的过程中，一方面震撼于一台台分拣机、堆垛机、AGV叉车有条不紊地高效工作，另一方面又为我国现代物流建设取得的成就感动自豪。

以京东为代表的企业，这几年通过上海亚洲一号、昆山自动分拣中心、西安物流总部等设施和基地的建设，取得了行业领先之后，又通过数据和理念的开放，结合大数据应用专项，为第三方企业提供服务，为物流资源配置效率的提高提供了基础支撑，这是非常符合行业趋势大局的举措。这两年中国经济下行压力严峻，而智慧物流的建设能够直接对经济的提升带来促进，并且从大的层面来看，又将促进居民消费的提升，形成经济结构调整升级的正向循环。

2017年国务院办公厅发布了《关于进一步推进物流降本增效促进实体经济发展的意见》，特别提到推动物流降本增效对促进产业结构调整和区域协调发展、培育经济发展新动能、提升国民经济整体运行效率具有重要意义。鼓励开展仓储智能化试点示范，结合国家智能化仓储物流基地示范工作，推广应用先进信息技术及装备，加快智能化发展步伐，提升仓储、运输、分拣、包装等作业效率和仓储管理水平，降低仓储管理成本。

通过我的参观和走访来看，京东亚洲一号以及昆山自动分拣中心，正是响应国务院物流新政的最佳标的。京东物流就是通过应用先进信息技术及装备，研发了全套的物流智慧运营体系，通过智能设备和系统的不断升级，提升下单、仓储、运输、分拣、运输等环节的效率。

所以我们很多消费者都感受到2017年的618期间，虽然京东18天内的GMV达到1199亿元，包裹更是多达数亿个，然而并没有出现预期中的"爆仓"，在如此负荷的压力之下，京东物流仍然保持了高效的运作。甚至京东亚洲一号的广州基地一天内发出57万个包裹，打破了全球物流行业的最高纪录。而这一切的背后，就是京东智慧物流的支撑所在，这也是我们今天要分享的内容。

首次全景展示，亚洲一号&昆山分拣核心优势三板斧

京东亚洲一号一角1

我这次主要参观的就是位于上海的亚洲一号和昆山的无人分拣中心，我们知道亚洲一号是京东自建的亚洲范围内建筑规模最大、自动化程度最高的现代化智能物流项目之一，通过在商品的立体化存储、拣选、包装、输送、分拣等环节大规模应用自动化设备、机器人、智能管理系统，来降低成本和提升效率。

昆山无人分拣中心通过智能管控系统，实现了100%的无人分拣，目前分拣中心的分拣能力已经达到9000件/小时，在同等场地规模和分拣货量的前提下，据测算每个场地可以节省180人。这代表京东物流建设的这两个基地，迅速投入应用并且取得举世瞩目的成就，主要有三板斧。

规模效应：现在已经运行接近3年的京东亚洲一号（上海嘉定）定位为中件商品仓库，总建筑面积约为10万平方米，分为立体库区、多层阁楼拣货区、生产作业区和出货分拣区等4个区域，其他已经建成的9个亚洲一号也都是规模宏大，甚至技术更为先进的智能物流仓储中心，动辄10万平方米规模以上的基地，保障了京东研发的物流运营体系能够落地，发挥出更大价值。

据悉京东亚洲一号未来要扩大到30个以上，如此规模宏大的亚洲一号矩阵，未来能够把全国主要的省域经济联动起来，从而量变到质变，价值更为可观。

技术效应：亚洲一号项目的仓库管理系统、仓库控制系统、分拣和配送系统等整个信息系统均由京东自主开发，拥有自主知识产权，所有从国外进口的世界先进的自动化设备均由京东进行总集成。

而昆山无人分拣中心智能化程度更高，场内自动化设备覆盖率达到100%，自主研发的DCS智能管控系统，其中包含自动分拣机调控、无人AGV搬运调度、RFID的信息处理等。通过AGV调度系统，完成搬运、车辆安全、避让、优先任务执行等工作，实现了全国首例分拣前后端无人AGV自动装车、卸车作业的操作。

协作效应：美国有全球最先进的物流技术，也有全球最先进的电子商务技术，但从实际效果来看，为什么美国的消费者从网上买了东西往往需要3—5天才能到，而中国的效率秒杀欧美任何一个国家。这其实就是因为其他国家物流和电商几乎是分离的，二者没有能形成有机结合，今天下的订单，明天订单系统可能才和物流系统进行对接，然后安排货物发送。而以京东为代表的电商，我们消费者下单后从后台就能看到，几分钟就告知订单确定，出库和进展等都是按照分钟来计算的，这个过程中通过信息系统把电商、物流高效协作起来，如此方能快速高效地展开运营。所以亚洲一号的优势不是从自动化高低来判断，而是效率，也就是最后的客户体验。

送别618又迎来双11，亚洲一号成京东物流中流砥柱迎接大考

截至2017年，京东中小件、大件、冷链、跨境、众包物流（达达）、B2B六张物流大网的战略目标中，已有中小件、大件两张网络实现了全国覆盖，六张物流大网已经完成三分之一建设，而京东也是全球唯一一家涵盖中小件、大件、冷链、跨境、众包物流（达达）和B2B六大物流网络的企业。2017年的618，京东物流打了一个胜仗，除了上述物流体系严密配合以外，并且也让京东的无人仓、无人机、送货机器人等计划浮出水面。

"电商大促必爆仓"是消费者永远的痛点，京东在2017年618期间，除了我们上述提到多个维度的技术和运营体系升级之外，还做了很多准备，包括从货物准备、策略研究，到人员准备、应急预案，均进行了详细的研究。

比如在收货环节，收货系统采用单元化一体化设计模式，一改传统的设计方式，在作业的方便性、快捷性、舒适性等方面有本质的提升，现在这个做法已经成为电商物流收货的样板。再如包装复核区，多件订单采用集合单拣选模式，设计了电子标签播种系统，使播种效率大幅度提升。另外，笔者也注意到，京东物流在智能化升级的同时，也不忘依照各地的情况因地制宜，如在盛产大闸蟹的阳澄湖地区，京东设置了一个1000平方米左右的协同仓，这样新鲜捕捞的大闸蟹就可以不必通过京东仓储中心，而是直接由协同仓快速发往全国各地，保障了此类产品的鲜活性。

京东阳澄湖大闸蟹协同仓

　　618已经过去，备受几亿人关注的双11即将到来。虽然一开始双11只是阿里巴巴的主场，但到了今天双11已经成为全民的购物狂欢节，从这几年的GMV走势来看，双11对于京东来说，也是订单和包裹爆发的一个周期，而且相比618的阶段购物促销，双11的爆发更加集中（京东的模式注定了促销是一个周期性的活动，但消费者的购买意愿还是集中在一天），尤其是2017年以来随着消费者升级的理念继续深入人心，京东的用户量在增长的同时单个用户的订单额也稳步提升，双11期间，快速并且集中的订单增长，对京东来说既是机遇也是挑战。

　　那京东如何应对双11以及之后各种大小不一的促销大考呢，通过这次参访，我们其实可以探究出某些端倪。在物流规模扩大的同时，亚洲一号在技术和模式上进行了从1.0到3.0的升级，当天我们参观的京东第一个亚洲一号，代表了当时最先进的水平，但其实亚洲一号和京东物流体系也在不断升级。

　　如今，亚洲一号技术更加先进、智能化和自动化水平更高，比如广州的亚一输送线的设计采用半悬浮方式，大大优化了空间，方便了货物的补货和拣选输送；再如这次我们参观的昆山无人分拣中心，从供包到装车全程无人操作，这标志着京东物流配送中心的分拣环节进入了全场无人化、智能化阶段。

当然除此之外，京东还进一步优化了物流管理体系和组织架构，能够以更大权限进行适时调整，满足不断动态变化中的市场需求。总之从技术到管理再到模式的不断升级完善，是京东物流解决"大促不爆仓"历史难题的基本方法论。

亚洲一号成京东物流开放中流砥柱，第三方商户获益

时至今日，京东正在加快物流开放的步伐！如果对京东营收感兴趣的朋友，应该能发现短短几年京东第三方卖家的成交额正在快速增长，从一开始的不到10%增长到今天的近乎50%，和京东自营业务平分秋色。

京东亚洲一号一角2

与此同时，京东十几万的第三方卖家（也就是不入仓的商家，亚洲一号与这些商家无缘）还是采用四通一达等传统物流方

式进行运送，没能和京东自营产品一样享受到高效的配送，长期来看拉低了京东整体的物流品牌和影响。好在这几年，京东物流开始探索开放之举，并且在2017年4月京东集团宣布：为了更好地向全社会输出京东物流的专业能力，帮助产业链上下游的合作伙伴降低供应链成本、提升流通效率，京东正式组建京东物流子集团！

在几年后，京东运营的亚洲一号将会达到30个以上，如此大规模的物流综合体系布局到全国各地，将会加速帮助到中国各个地域的商户们和京东物流进行深度合作。

我们可以大胆地展望，随着京东亚洲一号的升级，伴随着京东整体物流体系的开放，未来京东平台上不管是自营商品还是第三方商品，都可以享受到高效、便捷的配送，这样一方面对我们消费者来说拓展了高效配送商品的丰富性，另一方面对于京东来说可以积累更多有价值尤其是非标品的数据，这些数据未来用于进行大数据的精准分析和计算，帮助京东物流实现对商品销量的分析、预测、计划和补货，同时反向指导品牌商家生产或采购计划制定、定价策略、智能补货、库存管理等供应链各层面的优化。

提速县镇村三级物流背后，
京东物流的"深"功夫

我们先来看一组图片：

乡亲们订购的京东大家电

临近618，身处黄土高原腹地的山西岚县的京东专卖店正迎来一年中最繁忙的时节。随着一车车的订单发出，几十分钟到数小时内，身处岚县各乡镇的村民就收到了他们在京东买的美的冰箱、创维电视、海尔洗衣机……

这家京东家电的店长温小丽告诉我，随着京东物流的提速，现在消费者从网上下单到最终收到产品的时间越来越快，24小时内收货正在成为常态。

山西岚县我走访过多次，2019年刚刚摘了贫困县的"帽子"。这里是典型的黄土高原地貌，沟沟壑壑纵横，很多村民住在大山深处。要在这样的地方实现大家电的送达甚至高效的送达，简直是一个奇迹。

我经常和朋友们说，各大电商比拼物流速度，都别在一线城市比。像北上广深等一线城市，现代化的交通和物流基础设施建设完善，这些地方的物流当日达甚至小时达都不是真本事。谁能在偏远的晋西北山区，在西双版纳的雨林之乡，在遥远的乌苏里江等地方，实现物流甚至大家电、生鲜冷链物流的高速运达，才是真本事。

身处山西黄土高原的岚县能够实现物流提速，主要原因还在于京东物流这几年尤其是2019年以来加速升级的乡镇物流布局。

2020年6月8日，京东物流又宣布将升级2019年9月提出的"千县万镇24小时达"时效提升计划，面向低线城市及重点县镇继续布局物流新基建，创新仓储模式，提升县镇村三级物流触达能力和服务时效。

这项计划的升级，无疑是广大身处县镇村消费者的福音，它的意义远不止"更快的送达货物"这么简单，今天就根据我这几年在乡村地区的走访，来聊聊这个话题。

削减城乡二元差异，县镇村平等享受消费升级红利

京东物流启动新一轮大提速，重点在于县镇村三级物流。这项举措，意味着中国广大村镇地区甚至偏远地区的群众，也可以和城市地区的新潮消费者一样，第一时间平等地享受到最新的产品给生活带来的改变。

消费平等了，城乡的二元差异就会逐步地被抹平，我们身处

六线区域的消费者就会有更大的获得感和满足感。北京朝阳区消费者可以第一时间购买到最新的iPhone手机，山西岚县的消费者也能，这在以前是不敢想象的。

物流下乡，也会让乡镇消费者有更多的安全感。2020年我被隔离在老家的村子里，就是依靠京东，才在关键时刻满足了我的购物刚需。

事实上，2020年疫情期间，全国各个城市的大街小巷依然能看到京东小哥的身影，为居家群众运送基本生活用品和防护物资，为医护人员送去急需的医疗物资。现在看来，京东物流正在通过"千县万镇24小时达"时效提升计划，将这种非常时期的保障能力，延伸到中国更广阔的乡镇地区。

从做生意的角度来看，京东物流尤其是大件物流配送范围深入黄土高原、茫茫的天路、偏远的山区，似乎是不划算的举措。但从社会效益和物流产业发展乃至更高层次的价值观来看，京东的举措无疑是正确的。当然，只要有价值，现在的投入和布局，最终也一定会收获商业上的回报。

探索电商创新增长新模式，关键在于下沉市场

京东物流大提速，我们当然不能看作一个单一计划的举措，而是要和京东的战略一盘棋联动起来观察。

这两年京东越来越重视下沉市场，也就是低线城市和县镇村市场。通过发力下沉市场，一方面为县镇村的消费者高效地提供了良好的产品和服务，另一方面也为京东发展带来了新的契机和新增长点。

2019年第四季度，京东财报显示有超过70%的用户来自三至六线城市。在京东财报中，点名了京喜助推京东下沉的战略收效显

著。2020年第二季度，京东又推出了极速版，这些动作其实释放了很多信号。这些信号表明，京东未来最大的潜力和增长可能就在三至六线城市乃至乡村市场。

同时，京东物流也没有想"独吞"市场，而是秉承开放共赢的心态，让品牌商和合作伙伴共享物流发展的红利。所以还将大力推广云仓模式、厂仓合一、店仓合一等创新业态，实现和品牌商物流资源共享。这意味着，像岚县这样的地区，将来部分商品甚至小时达都成为可能。

打破农特产品上行难题，助力区域经济发展

我在大同云州区（因"黄花菜"而爆火）走访时，当地电商服务中心的相关负责人告诉我，京东在当地探索扶贫助农的相关工作，正在通过一系列举措，加速农产品上行，助力农民增收致富。

物流是双向的。这一次京东物流升级的"千县万镇24小时达"时效提升计划，既然可以加速产品的"下行"，那也可以加速产品的"上行"，在某种程度上也可以为三至六线城市和乡村地区的产品上行销售提供一些助力。

这里补充一点：这几年，我在各省各县乡镇走访时，心情总是喜忧参半。喜的是越来越多的农民会在网上购物，通过购物提升了生活品质；忧的是通过网络卖东西的农民还不多，只花钱不赚钱，没能从根本上打通致富之路。

通过进一步观察，我了解到京东物流提速计划中，也提到了服务产业带、农产品上行，助力当地脱贫攻坚，促进区域经济发展。在具体的执行中，京东物流还将为全国22个重点产业带提供标准服务网络之外的定制化供应链解决方案，打造专门服务最前

一公里上行的物流基建。

打破农产品上行难题，关键点不只是物流，还包括背后的一整套服务赋能体系，京东自然想到了。

还是以大同为例，大同云州的黄花菜因为众所周知的原因成为网红产品后，京东在京东超市等页面显著位置给予了推荐，还通过京东直播等方式，让全国各地的网友了解到大同黄花菜，边看边买，及时送达。

扶贫更要扶智。京东还在大同开设了电商创业园区，组织了各种学习和培训，使越来越多的农民开阔了眼界，掌握了电商销售的知识，拥有了将农特产品通过互联网销售到各大平台的基层能力。

与此同时，京东云还与大同市政府签署战略合作协议，共建"以云技术为支撑、以大数据为驱动"的智能产业生态，全方位打造农业区域公用品牌"大同好粮"，有近400个大同特色农产品在京东线上销售。

牵一发而动全身，成一举而带万物。京东物流启动新一轮物流大提速，推动城乡物流普惠，很多更长远的价值我们现在还看不到。这个课题，我将持续跟踪研究。

山西吕梁何以打造中国电商扶贫示范市？

1

"老铁们，临县大红枣，活动期间39.9元3斤。"

"现在我开始品尝吕梁的手工挂面，看味道怎么样。"

"电商连接乡村，特产助推扶贫，欢迎老铁们关注我们的快手账号。"

各县主播开展直播电商业务

2019年9月27日，第四届吕梁名特优功能食品展销会暨2019农民丰收节在吕梁新城如意湖畔开幕，"直播+电商"成为这届展会最大的看点。

吕梁13个县（市、区）都设置了网络直播区，众多网红主播卖力地通过"互联网直播+电商渠道"，宣传、售卖吕梁特产山珍。

吕梁市委领导在参加完当天的开幕仪式后，并没有离去，兴致勃勃地巡视了每个网络直播区，无疑释放了吕梁借力电商脱贫的积极信号。

2

吕梁"枣先生"品牌创始人胡志成，通过拼多多、阿里巴巴等平台，每年销售价值3000万元的红枣、核桃等农特产品，带动区域脱贫致富。

阿里巴巴上市敲钟人王小帮，被誉为"致力于推销家乡出产的绿色食品，塑造了新时代的新农民形象"，常年深入吕梁各地田间地头，一端收集名优农特产，一端对接来自天南海北的客户群体。现在，吕梁有成千上万个王小帮。

张文坚，1994年出生的创业者，有

"枣先生"品牌创始人、农业带头人胡志成

10年电商从业经验。2015年初张文坚从浙江返回山西，把从南方学到的电商运营经验，嫁接山西地方特产汾酒，开启电商创业之路。现在，张文坚是拼多多等平台知名的地方名酒经销商，每年仅仅通过拼多多销售20万箱白酒，营收数千万元，带动数百名村民脱贫致富，成为吕梁电商扶贫的代表人物。

前不久，我到阳府井走访时，该企业刚刚完成了一次"电商+直播"的试水。相关负责人介绍，生产的临县红枣烤馍，通过快手试水"直播+电商"模式，7分钟卖了2600单，半个仓库都被待发包裹堆满了。

阳府井工作人员讲解

这些案例缩影，正在成为吕梁农产品电商上行、电商扶贫的常态，一大批有识之士和青年创业者，投入农产品电商上行的事业中。

毫不夸张地说，今天的吕梁正在举全市之力，通过电子商务渠道，助力脱贫攻坚，并且取得了喜人的成绩。仅仅吕梁下属的临县这一个县，全县电商从业人员就达15000多人，红枣等农特产品2018年在电商平台交易额突破4亿元，该县一年的财政收入也不过7亿元左右。

3

曾几何时，吕梁是全国有名的贫困地区，吕梁集中连片特困地区是国务院划分的全国14个集中连片特困地区之一，吕梁地区也是华北和西北贫困人口最集中、贫困程度最深、农业产业发展最落后的地区之一。

2016年，吕梁原市长王立伟此前在汾阳调研时指出，要大力扶持各类电商企业，引导农产品加工企业利用互联网拓宽销售领域，鼓励建立电商体验店，积极探索建立电商吕梁特色馆，加速推进电商经济与区域特色产业尤其是农业产业高度融合，不断激活特色经济、实体经济和传统经济的发展。

这几年，吕梁市公布的很多文件，颁发的很多政策，下发的很多扶贫款项，都和电商有关。在《吕梁市开展消费扶贫促进精准脱贫实施方案的通知》中，特别提到鼓励贫困县市搭载阿里巴巴、京东、天猫、苏宁等大型电商平台，建立吕梁扶贫专卖店、产品体验店和扶贫频道，销售农特产品。《吕梁市2018年电商扶贫工作方案》提到，继续实施"五免一扶持"优惠政策，与"供销e家"合作，继续推进基层网点的信息化改造，规范提升新建扩面贫困村电商网点，不断拓展网点服务功能。

有一则"县长网上卖红枣直播成网红引网友围观"的新闻，这条新闻加上我上文提到的案例，都在说明吕梁通过电商脱贫是来真的，从田间地头的大爷到身居高位的政府领导，都在通过各种方式，应用新媒体思维和电商渠道，探索农特产品电商上行的方式。

在走访中我了解到，吕梁各县2018年村级电商服务范围覆盖到70%的贫困村，2019年行政村覆盖要达到100%。这样的数据即便一线发达城市都难以想象，但在吕梁基本做到了。

为了验证这一数据，2019年国庆期间我又一次深入吕梁多地走访，就我目之所及来看，吕梁基本做到了"村村通电商"。

4

过去吕梁的标签主要有两个，一个是"煤老板"，另一个是"革命老区"，今天应该加上"电商扶贫"。

把电商当作大产业来看待，吕梁的动作比很多人想象中的还要更快，早在多年前就落实了大量的工作。2015年前后，"特色中国吕梁山馆"在淘宝网上线，这是国内第一个以国家扶贫片区作为区域概念开通的淘宝特色中国馆。

2016年，吕梁市政府与国内知名电商企业阿里巴巴、苏宁云商、京东集团、贡天下、乐村淘举行战略合作框架协议签约仪式，开创了全国之先河。

这几年，吕梁又先后与京东山西扶贫馆、苏宁易购、乐村淘、山西供销农芯乐等多家电子商务平台签订了精准扶贫"吕梁山货"合作协议。将集合吕梁片区各贫困县优质特色农产品，利用电商、大宗采购、众筹等方式帮助贫困地区销售农产品，以达到精准扶贫的目的。

时至今日，"四大一播"在吕梁全面落地。"四大一播"分别是阿里巴巴、京东、苏宁、拼多多四大电商平台，和快手"短视频+直播"平台。这些平台落地吕梁以来，吕梁的电商扶贫工作取得了明显的成效。

2018年，阿里研究院向全球发布"2017—2018年全国贫困县农产品电商销售50强"排行榜，山西省有两县上榜，分别是临县和中阳，这两县均在吕梁。

5

这几年各方践行的电商扶贫，对于吕梁地区的脱贫致富来说有极为重要的战略意义。在吕梁开展了各种类型的电商、直播带货培训班，做的就是"扶智"的工作。

"扶贫"方面很好理解，以吕梁岚县苏宁易购店为例，这个店铺除了苏宁的家电品类以外，还展示了地方的农特产品，帮助这些产品进行推广。与此同时，该门店经常组织下乡扶贫工作，赢得了当地消费者好口碑。

在走访这家岚县苏宁易购过程中，我特别注意到了这家店同时也承载了"扶智"的作用，通过电商培训、联动创业孵化等形式，打造扶贫实训店，把最新的电商运营技能和互联网理念传导给当地有志青年。相信随着在苏宁易购店的实训，将助力他们提升农产品品牌经营意识，最终实现双向脱贫致富。

岚县电子商务公共服务中心

　　2018年初，岚县县委、县政府与阿里巴巴淘宝大学达成战略合作，成立淘宝大学山西省岚县培训基地，将电商"扶智"做了体系化的工作。该基地担负起岚县乃至整个吕梁地区电商人才培训、孵化等工作，为岚县电子商务发展提供人才储备，同时为岚县农产品上行提供技术支撑。

　　山西临县将"网红直播+电商卖货"做成了大产业，在临县电商扶贫创业园，几乎每家入驻企业都标配了"电商直播"这一利器，形成了电商直播培训、网红孵化、带货上行一整套体系。据临县电商扶贫创业园相关负责人介绍，临县有超过7万人玩快手，越来越多的人在榜样的带头作用下，通过这一方式开启了电商脱贫致富之路。

6

　　山西吕梁何以打造中国电商扶贫示范市？这当然离不开党的政策，离不开国家的战略发展所带来的基础设施提升。

　　这里说的基础设施，包括三条路，分别是：道路、网路、脑路。前文我们已经作过分析，这里不再细表。

社区团购——争议声中贡献价值

1

众所周知，社区团购是2020年下沉市场最大的风口之一，主流的互联网巨头几乎全部入局，包括阿里巴巴、腾讯、京东、滴滴、美团、拼多多等。由于我常年在各省市的下沉市场走访，对社区团购这个话题自然远比常人更感兴趣。

社区团购兴起后，基于我的走访观察和分析，我先后写了《讨论两个问题：美团做社区团购晚了吗？以及为什么要做？》《柳青微博释放信号：橙心优选表现优异，滴滴加速布局社区团购》《分析：社区团购身份模式被官方认可 明年或发生多起行业兼并事件》等多篇文章。不过，任何一种风口上的模式，总免不了在质疑和批判声中前进。在下沉市场如火如荼开展的社区团购，就遇上了一股批判潮。

2

过去两年，我在走访的同时，也接受《经观》、Zaker等媒体采访，谈了我对社区团购价值相关的一些观点。在我看来，社区团购连接了供需两端，给广大消费者提供优质商品，帮助天南海北的农人、农业组织去产能，这已经产生了巨大的价值。

2020—2022年这几年供需两端都很难。消费者希望更省钱，商家希望更好地把商品销出去，这是一个很简单的逻辑，基于这种简单逻辑开展的商业服务，只要能被链条上的参与者认可、都能受益，那么就应该去鼓励。

就我的走访来看，下沉市场由于天然的地域所限，享受互联网发展的成果相比城区消费者慢一些，这几年包括拼多多、京东、苏宁、阿里巴巴等在内的巨头，不断地开发各种互联网服务，让下沉市场的消费者迅速地享受各种互联网服务和红利，进而助力城乡二元差异缩小，这就是巨大的价值，我们应该以积极的眼光看待。

当下，进军社区团购的企业，都是中国最优秀的互联网企业，包括阿里巴巴、京东、美团、拼多多、苏宁等，我们看待这些企业不能盲人摸象，只看到他们做社区团购的一小面（当然社区团购背后也有技术支持），而忽略了他们大量地拥有高技术含量的业务。

比如阿里巴巴的达摩院，搞出了第一颗自研芯片"含光800"，1颗"含光800"的算力相当于10颗GPU。拍立淘商品库每天新增10亿商品图片，使用传统GPU算力识别需要1小时，使用含光800后可缩减至5分钟。这样的产品技术难道不酷吗？

美团通过智能技术的研发落地，不断调度匹配系统。现在智能配送调度系统每天匹配几十万外卖小哥，并且基于海量数据和人工智能算法，确保平均配送时长不超过28分钟，创造了行业奇迹。

技术好不好、牛不牛，关键在于应用落地。

3

一个基本的常识在于，美团、拼多多、苏宁、阿里巴巴、京东等都是极为精明的互联网巨头，如果一个模式只包含各种风险和不确定性问题，而没有足够的价值和利益支撑，他们是不会做的。

那么，这些巨头为什么要一窝蜂地疯狂地涌入这个赛道呢？

我在接受《经观》《时代周报》的采访时也提到了，在我看来，巨头们布局社区团购，有两条"目标线"。一条就是业务层面的明线，还有一条业务背后的暗线，也就是通过布局社区团购，获取到海量的新增用户，给这些巨头已经开展的各类业务转换一批，进一步扩充他们的商业想象力。

按照这个逻辑，我们不难推测，巨头们做社区团购是一种"进可攻，退可守，以退为进"的业务模型。"进"的一方面在于，如果能够做成，将会打造出来一项极新的成功业务，将来成为现金奶牛；"退"的一方面在于，如果没有做成，也会通过社交、低价等特性，吸引到海量的用户群体，然后把这些群体中愿意为其他产品付费的部分用户，转化成为主站的用户。

我去过太多的山沟沟贫困地区，也走过无数的城市社区，社区团购简单的模式背后助力了供需两端的矛盾缓解，一棵白菜、一筐红枣快捷地到了城市居民的餐桌上，美味背后可能就是一个农民生计

农民地里的红枣

问题的解决。

4

2020年岁末年初，我又离开北京，去下沉市场走访。我走访了社区团购这个链条上的团长、地推、消费者等人群，和他们打开心扉拉家常、天南海北的聊天，收获了一些有意思的反馈。

我直观地把我听来的这几个方面的信息呈现出来，供大家参考。

团长：

（1）互联网渠道太可怕了，仅仅价格优势就已经颠覆传统。我现在开超市好好的为什么主动接入社区团购？因为如果你自己不去拥抱新模式，就会被别人颠覆。

一家美团社区团购站点

（2）别看我们这边是农村，村里五六十岁的大爷大妈都学会了玩手机。

（3）玩好社区团购，主要靠社交。我用微信群拉了300位村民，村民通过微信群里的小程序就可以下单，每天订单不停，坐在家里就有钱赚。现在平均每天每个渠道有几十元收入，还行。

（4）最近看了很多新闻，说要整顿社区团购了，很担心社区团购模式被取消。

地推：

（1）每激活一位团长，平台会给予150元左右的奖励，勤奋一点月入6000～8000元不成问题，这个收入在乡镇属于较高收入。

（2）开发团长是门技术活，好啃的骨头就没有了。我们去了市区和乡镇的超市、摊贩点，基本都被其他人激活了。近期主要在山区和乡村地区跑超市、小卖部，反而发现这是空白的市场，收到了奇效。

（3）做这个工作缺乏身份认同感，没有"滴滴员工""美团员工"的光环，劳务合同是和第三方公司签署的。

（4）我们在激活团长时，会要求他们提供相关的资料信息，不少店主以为我们是搞电信诈骗的，多次被赶出店门。这些年发生了很多电信诈骗事件，大家有这样的反应也能理解。

用户：

（1）我住这么偏远，怎么还能送到？他们是怎么实现的？

（2）社区团购很明显借鉴了拼多多的玩法，我现在也经常发链接到群里，让亲戚们点击链接参与，我没事还能赚点零花钱。

（3）这也太便宜了，现在1分钱、1元钱买东西的日子肯定不能持久，指不定平台哪天倒闭呢。

（4）这么好的东西，为什么网上总说要被取缔呢？

在我走访时，大部分人都认为社区团购模式好，大家也通过媒体弹窗和报道看到了对社区团购的批评之声，都很担忧这个模式还能够存在多久。我建议大家放心，社区团购最终可能会被更先进的模式取代，而新的模式也一定会出现。

就我的观察来看，这个行业的确存在很多问题，我们真正该批评的是这些企业在运营过程中的诸多问题，进而帮助他们改进。

目前看来，这个行业存在的最主要问题是"履约危机"。由于一些公司疯狂地在团长层面扩张，忽视了供应链的建设。导致经常出现这样一个画面：一分钱买了白菜的大妈找到团长，质问："我的货呢？"

盘锦螃蟹搭上拼多多的快车

2018年夏天，我来到东北，走访了石油、农业重镇：盘锦市！

盘锦是一座因为石油兴起的城市，但经过多年的发展后"因油而兴，也因油而衰"。与此同时，这几年东北经济衰落不可避免地波及盘锦，盘锦也就开启了转型发展之路。

在这其中，以盘锦大米、盘锦河蟹为代表的农业成为盘锦新的经济名片。尤其是这几年兴起的盘锦河蟹发展更为快速，2017年，盘锦河蟹养殖面积已达160万亩，产量7.2万吨，产值42亿元。

我注意到，盘锦到了今天几乎举全市之力，大力开展电子商务。从政策支持、招商引资、人才培训、物流园区规划等多个维度，全方位地支持农产品"上网"，进入千家万户。

盘锦秀玲河蟹合作社

来到盘锦，我采访了盘锦最大的河蟹合作社——秀玲河蟹合作社的创始人孙秀玲。秀玲大姐有着29年的河蟹养殖经验，2009年成立秀玲河蟹合作社，帮助乡邻一起致富，合作社现有社员51人，河蟹养殖规模（合作）61500亩，每年的产量有几百吨。

盘锦河蟹是一个几十亿元产值的大产业，秀玲河蟹做的规模也很大，甚至还给阳澄湖大闸蟹提供蟹苗，但在国内，甚至在吃蟹爱好者眼里，秀玲是一个陌生的名字，盘锦河蟹所知者也甚少。

这两年，秀玲河蟹开启了电商运营的尝试，通过盘锦乐麦电子商务有限公司（该公司是秀玲河蟹线上的唯一运营商，同时也是盘锦市政府授权的盘锦河蟹地理标志品牌的独家运营商），上线到了拼多多，经过这两年的运营后，秀玲河蟹以及盘锦河蟹被全国各地越来越多的消费者所熟知。

通过拼多多平台，盘锦螃蟹销往全国各地

现在的拼多多作为一家年交易额超2000亿元的电商平台，同时也是全国最大的农产品上行、下行平台之一。经过这几天的走访，我感受到了拼多多的另一面，倒逼农业产业合规化、品牌化、规模化运营，今天就和大家来聊聊这个话题。

拼多多为纽带 多方协作农产品上行助推脱贫致富

经过走访，我发现在各地政府和机构的支持下，现在很多农业发达地区，农特产品也已经规模化、品牌化。已经形成了以拼多多等电商为纽带，农户—合作社—电商运营商多方协作，配合现代化的第三方物流体系，为消费者提供高效的服务和高品质产品，同时极大地带动地区脱贫致富。

拼多多对农业的重视超过了我们的想象。2018年7月26日，拼多多赴美上市。在当天的上市仪式现场（上海），拼多多特意邀请了一位农户代表上台发言。这位来自四川的农户李子伦表示："我们家种植了10多亩的芒果树，之前销售的价钱很低，现在有了拼多多合作，每斤会多卖几毛钱，增加了收入。"

每斤多卖几毛钱看起来是一个很小的数字，但乘以拼多多平台上几百万的农民就是一个惊人的数字。当然相比每斤多卖几毛钱，拼多多更重要的价值在于"发现好的农产品，并且帮其卖出去"。

李子伦只是拼多多农产品上行战略中的一个缩影，在2017年，拼多多投入34亿元，帮助全国农户销售183.4万吨农货，催生9亿多笔扶贫订单。并且在730个国家级贫困县，扶持起4.8万商家，帮助农货高效快速地和广大消费者见面。

相比其他情况下的创业和就业环境，拼多多给了普通创业者"卖货"的机会，同时降低了创业门槛，这同样是稳定就业和促进消费发展的重要价值。

重塑规则，带动区域农业品牌出新、升级

关于99%的阳澄湖大闸蟹都是假的新闻引发了极大的震动，说

的是阳澄湖产能只有1600吨左右，真正的阳澄湖大闸蟹只能占到市面上挂着阳澄湖旗号大闸蟹的1%，所以市面上的阳澄湖大闸蟹99%都是假货。

面对这样的现状，一方面我们痛骂奸商，但另一方面我们行业是不是也应该反思：中国有那么多地区养殖了不亚于阳澄湖的大闸蟹，为什么不能多培育一些新的地区品牌，来满足消费需求？使得造假没有了市场，自然没有不法商家"为利造假"了。

上文提到的盘锦河蟹通过拼多多实现品牌升级的典范，就是拼多多带动区域农业品牌出新、升级的典型案例。现在是盘锦河蟹，未来天津紫蟹、莱州大蟹、南湖蟹、炎亭江蟹、潮汕赤蟹，依托拼多多这类平台，出现更多新的品牌或者过往的品牌实现升级，进入更多消费者的餐桌上，优化市场结构。

其实这几年，很多地区的农特产品，都是上线拼多多之后，才真正开启了品牌化运营的道路。拼多多通过全新的渠道和运营模式，重塑了行业规则，带动区域农业品牌不断出新，进而升级，向全国、全球知名品牌的道路迈进。

洞察消费需求，倒逼农业产业合规化、规模化运营

中国主要的电商平台，其实都可以销售农特产品，那为什么拼多多却取得了远超行业平均发展的水平，并且真正改变了多地的农业经济状况？

在我看来，第一，大多电商平台没有把农特产品作为重点（难以标准化、物流难题等）；第二，平台起到的还是通过信息流来带动商品流的价值（说白了就是卖货的价值），没有真正从全局统筹、协同地方政府和协会，共同开发农业电商新市场。

而拼多多把分散的农特产业聚集起来，并且倒逼产业规模

化、合规化运营，进而提高地区农业经济效率。为什么能？其实简单来说，就是三个字：大数据！

这几年，拼多多运用农产品、商家、物流的平台大数据，洞察几亿消费者需求，根据农产品的种类、产量、物流等情况，精准对接平台销售资源，充分发挥平台规模效应，为农特产品的上行发售降本增效提供助力。

2018年，拼多多投入100亿元营销资源，深入500个农业产地，扶持1万名新农人，解决农业供应链的货源与交付难题。这个100亿元背后其实不仅仅解决供给和需求的难题，更是给我们各地的农特产品规模化养殖、栽种带来信心，通过规模优势进阶品质优势，从而带动品牌升级，实现销量增长。

对于拼多多来说，也正在做更多建设"脑路"的事情。在和盘锦合作后，拼多多还将和盘锦市政府联合开展电商专题培训班，为盘锦培训电商人才，真真正正让当地农产品上行成为脱贫并且致富的可靠方法！

时隔两年，我的这次盘锦走访居然得到了媒体的关注、报道，进一步让我感受到下沉市场走访这项工作的意义所在。

《中国经营报》在2020年7月作了《能力输出至村镇 拼多多欲打造农业新基建》的报道，涉及我的内容如下。

互联网评论员丁道师曾前往盘锦调研，对于拼多多与当地政府、农户的合作，他这样向记者说道："传统观念中，电商企业与农业结合，一般是在销售渠道方面，以此来促进农产品的物流、仓储等方面的提升，但就我在盘锦当地看到的，拼多多在此之外，根据自身的大数据等方面能力，对农户也给出了相应的指导，例如消费者需求旺盛的时期、喜好的特点等，根据此可以为农户提出一些养殖河蟹的标准，一方面可以延长河蟹的销售窗口期，另一方面可以更加精准地匹配到消费者以及加工厂，实现多方共赢。"

而从2018年开始，冷链物流、生鲜电商、直播带货的兴起，打开了新一轮的发展周期。在此期间，随着基础设施的完善、标准化共识的形成，农产品的品质也得以提升，不同地方特色的农产品进入一二线城市，地方品牌、地方产业带也应运而生。

在丁道师看来，这一切的变化背后，是电商平台正在成为农产品生产、销售的基础设施之一。"之所以能产生这样的变化，一方面是政策引导、企业助力，另一方面是企业和地方科研院所以及政府相关部门其实也组织了大量的培训，让农户、养殖户可以更加熟练地应用互联网，起到了授人以渔的作用。"

走访感悟：
为什么贫困县更热衷搞电子商务

　　2018年春节前后，一人一车，我又上路了。连续月余时间，我深入山西、河北、河南等省份的数十个县市（其中大部分为贫困县），近距离地见证了电子商务在这些地方的发展之迅猛。

　　长治市武乡县几乎正在举全县之力搞电子商务，路上几乎每隔两三公里就能看到一个电商落地的实体店。这其中有京东的，也有淘宝的，还有乐村淘（山西本土品牌）的，林林总总不一而足。

　　除了以山西各县为代表的区域，过去几年我也密集地在杭州、金华、苏州、东莞等传统电商强地走访。单从在落地电商数量上，山西的一些地级市不会比杭州等地少。

　　我继续上路，是为了寻找这种现象背后的答案，为什么越是贫困的地方，越是热衷于搞电子商务（按理说应该是广东和江浙等经济发达地区更热衷）？今天看来，答案其实很简单：互联网发展了这么多年，出现了包括电子商务、即时通讯、社交网络、共享经济、区块链、人工智能、门户、搜索、游戏、音视频娱乐、网络文学、科技金融、云服务等在内的几十种颠覆式的模式和应用服务，纵观这其中所有的模式，只有电子商务这一项，才能真正对贫困地区的县市和农村的经济发展以及生活品质提升带来实实在在的、规模化的帮助。

虽然微信、王者荣耀、快手等App依然是农村地区群众常用的手机应用，但起到价值作用的却是各种电商或者依托O2O的电商落地新模式。有多位接受我采访的山西农村电商人表示，通过电子商务实现了营收、利润的增长，更直接带动了地方就业，另外，也因为电子商务模式在农村的落地，乡村又重新焕发了活力。

换句话说，现阶段电子商务是很多贫困县脱贫致富的最佳"法宝"，没有之一。而发达省份出路更多，电商只是其中一部分，深圳或者金华并不需要举全市之力发展电子商务。

电子商务在农村地区蓬勃发展，贡献的价值并不仅仅是我的主观判断，有太多的数据可以印证。据商务部初步统计，2017年全国农村实现网络零售额12448.8亿元人民币，同比增长39.1%。截至2017年底，农村网店达到985.6万家，较2016年增加169.3万家，同比增长20.7%，带动就业人数超过2800万人。其中全国832个国家级贫困县实现网络零售额1207.9亿元人民币，同比增长52.1%，高出农村增速13个百分点。

武乡县已建成230个乡村电商服务站，全县新开网店、微店832家，电商产业带动了1518家贫困户共计5125人增收，1900多名闲置劳动力实现了再创业。

静乐县的枣夹核桃，2017年参加了京东的一次促销秒杀，仅仅用了1个小时，就卖光了3万斤，超乎预期；柳林县的"荞歌碗团"，成立10余年来发展成绩平平，自从"触电"后仅仅天猫一个渠道就销售了超过百万个碗团，现在早已经成为地方明星企业……

当然就我的走访来看，山西等地贫困县搞电子商务目前还停留在第一阶段，所销售的大部分产品还是以地方土特产为主，这些产品附加值很低，即便像"荞歌碗团"这种进行了包装和品牌设计的产品，在天猫上也仅仅能卖到3元钱一个（当地一个1~2元），满10个还包邮，利润可想而知。而大部分区县的电商参与者，更多的还是直接把地里种的、树上摘的包装销售，缺乏规模化的竞争力。

当年中国800多个贫困县，用30%的占比贡献了10%的电商交易额，这也很说明问题。阿里巴巴公布的数据也显示，从地理分布来看，"电商百佳城市"广泛分布在30个省区市，江苏、广东、浙江、山东、安徽、福建等7个发达省份合计占68%，中西部省份在电商核心阵营中难觅踪影。

以山西为代表，未来要想参与到电商市场的高端竞争，就应该对现有的产品进行升级，对农特产品进行一定程度的深加工和创新，赚取产品以外的其他增值利润。而且电商到了一定程度也应该和旅游业结合起来，通过体验式电商的新模式，为区域经济的转型升级，探索新的价值。

走访观察：
为什么京东家电和苏宁易购喜欢扎堆在一起？

这几年，我在下沉市场走访时，发现了一个有趣的现象：在很多县镇找到一家苏宁易购，100米内也往往会出现一家京东家电。

京东和苏宁扎堆开店

这两家十多年来的相爱相杀我们暂且不提，业务上的异同也先略过，我想探讨的是为什么会出现两家扎堆开店的情况？从商业角度该去如何理解？

我也采访过不少京东家电和苏宁易购的老板，对于这种情况他们也不知道答案，甚至没有意识到这种现象。很多店老板表示从选址规划到店铺运营，从品牌店招牌到装修装饰，从配送物流到售后服务都有总部帮忙和指导，他们这种创业模式近乎"拎包入住"，很多事情不用操心。

当然，也有一部分店老板认为，对方开店肯定经过周密的选址考量。我们双方业务比较雷同，那么他们开到哪里，我就开到哪里，总错不了，不更省事吗！

关于这个问题的答案，我自己也没有头绪。因此回京后咨询了多位电商和传统零售行业的资深人士，总结了他们分析的几点，今天分享出来，供大家参考。

第一，从客观上说，这种竞合关系在商业上很常见，符合商业实际，类似麦当劳、肯德基等，客群高度重合。新进入者看到原有店铺做得好，市场调研都不需要做，减少很多前期调研、市场培育的成本。

从合作角度大家把这个商圈做起来形成大客流吸引，客流完全可以共享，"挤掉"其他商圈。从竞争角度看本来货比三家，面对相同目标客户就是近身"搏杀"，这种竞争涉及品牌、货品、营销活动、服务质量等全方位博弈。作为商业行为会夹杂主观意识，但成熟的商业主观是要符合客观的。

第二，相互抢客流，这种情况在线下很常见。现在优质门店位置有限，开新店最保准的方式就是去抢已有门店的市场。餐馆、汽修店、窗帘店等，传统零售选点都会用这种方式。

一般来说，个体店老板没有太强的综合选点能力，所以最保准的选点开店就是抢别人的生意，尤其是愿意在老店旁边开新店。

第三，商业上的集聚效应。举个简单的例子，一条街上假如只有一家饭店，那么很难做起来，但假如有十家八家饭店，反而都经营得很好。

第四，互补作用，也就是豆腐店原则。有一对兄弟卖豆腐，兄弟俩各自开了一家豆腐店，而且是在相邻不远的路段，但弟弟卖的豆腐柔软酥口，哥哥卖的豆腐粗韧饱满。刚开始人们都希望吃弟弟店里的豆腐，后来发现软质的吃久了就渐渐乏味了，于是哥哥的店开始生意兴隆起来，后来经过反复多次后，两家店铺形成了互补，前往两家店的顾客渐渐达到了一个平衡点。

京东家电和苏宁易购虽然模式和商品品类上看起来区别不大，但到了具体的类目和品牌则有较大区别。比如美的产品，在京东的渠道购买就有更大的优势，因为京东和美的签署了战略合作，同样苏宁也有一些强势的品牌。两家店铺扎堆开在一起，有时候也能形成互补，丰富消费者选购。

第六章

街头烟火气

从"各大商家"到"各小店主"，
街头烟火气来了

2020年盛夏，我来到山西太原走访，观察街头经济疫后复苏状况。

西流街天天来水果店店主沙志宏告诉我，利用微信提供的"朋友会员"服务，让顾客享优惠，在一定程度上促进了销售。越来越多的"吃瓜群众"来店内消费，在88智慧生活日期间，每天都能卖出一车西瓜，日均营收接近5000元。

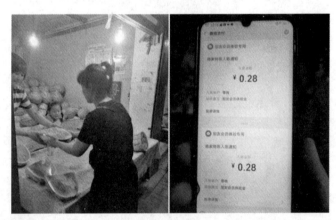

微信支付赋能天天来水果店

我感触良多，想起了前一年的微信支付88智慧生活日。

此前，微信支付88智慧生活日，媒体报道的方向是"微信支付开启88智慧生活日，腾讯联合各大商户发放数亿优惠"。"各大商家"是亮点，也是微信支付此项活动的重点。在此期间，参与这场狂欢盛宴的主要是麦当劳、星巴克、真功夫、沃尔玛、屈臣氏等我们耳熟能详的知名商户。

2020年呢？就我的观察来看，88智慧生活日的重心既有传统的"各大商家"，也包括"各小店主"。我以为，"各小店主"的积极性被调动起来，城市烟火气就回来了，在这个特殊时期，居民就有更多满足感和获得感。

现在，我结合我的走访，和大家一起聊聊街边小店互联网服务所需重点，以及平台赋能街边小店带来的行业价值。

街边小店到底需要怎样的互联网服务："低门槛+见效快"

我认识不少SaaS软件服务提供商，他们经常畅想的一个观点是"SaaS软件用较少的费用满足了线下店面的管理需求，将来会有大量的小而美的街边小店、夫妻店来使用SaaS服务，进而增加收入，提高运营能力。"

几年前，我就不同意这种观点。因为通过走访来看，有相当比例的街边小店店主没有很高的文化程度，对互联网服务的了解有限，很难有大量的时间来学习我们这些互联网从业者认为很简单的SaaS服务。

对于这个群体来说，他们忙碌的状态简单来说就是"起早贪黑，赚钱养家"八个字。任何一项互联网产品和服务，要想在这个群体大规模地展开，并且被常态化地利用起来，就一定要满足两点要求：第一，要低门槛，第二，要见效快。任何违背这两点原则的服务，都无法在这个群体推广和普及。

对于这个群体来说，我们不要自以为是地给他们灌输各种商业生态、消费升级、能力赋能等理念，而是回归本源、回归应用，简简单单、明明白白地给他们提供简单可用的工具和服务就够了。

微信的小额支付为什么每天能做到10亿的日均交易数，就是因为简单易操作。几乎没有任何学习门槛和使用难度，店主可以方便快捷地使用微信支付的各项能力。

微信支付的88智慧生活日，除了我们耳熟能详的消费券以外，还新增了商家"朋友会员"折扣的活动。天天来水果店店主沙志宏认为这项功能简单实用，没有额外增加他的运营负担，就可以让用户享优惠，用户"有利可图"，自然就增加了消费频次，最终反馈到了销售额的提升。

事实上，"朋友会员"只是微信支付"门槛低、见效快"服务能力的冰山一角，这两年来消费券、人脸支付、支付即服务、支付分、生活服务小程序等功能不断地渗透到下沉市场，深入街边小巷，帮助到广大的小微店铺。

简单的"享折扣"背后：后疫情时代，消费促进经济复苏

有人说，88智慧生活日，和双11、618一样，不就一个打折促销享优惠的节日，有什么技术含量，真的有很大的价值意义吗？

实际上，不管是双11还是618乃至88智慧生活日，都不是简单的促销节，它更多的是一种全新的生活方式，是一个推动商家、消费者等链条上的参与者共融共生的样板节日。

当然，哪怕仅仅回归享优惠、促消费这个层面，这种节日的价值都很大。我们都知道，中国的经济靠三驾马车推动，分别是出口、投资、消费。因为疫情出口受到很大影响，我们提出了"内循环"的理念，而消费尤其是国内消费就是"内循环"的具

体落地举措。

疫情以来，为了鼓励居民积极消费，各省市、各部门使出了浑身解数。以走访过的湖南为例，湖南通过微信小程序发放消费券，为在全省34万开通微信商业支付的商家提供基础服务，助力餐饮、零售业等小店，客单价大幅提升。2020年3月底到4月上旬的半个月内，湖南线下微信支付消费增长270亿元。

关乎消费，对于微信这样的公司能做什么？往小了说就是帮助无数的小店铺、小店主实现了增收，帮助无数的消费者省了钱包；往大了说就是为国民经济的复苏和经济结构的转型发展，带来了一定的促进作用。

值得一提的是，微信支付88智慧生活日也推出了助农扶贫活动，联合一众合作伙伴和平台，让贫困地区的农特产品通过互联网渠道上行，进入千家万户，也为扶贫攻坚提供了助力。

在我看来，要通过微信这类平台做这样的事情，需要投入更多的资源、资金来推动一系列活动和举措的切实落地。沙志宏说，在今年88智慧生活日期间，消费者每单减免的费用，会由平台来补贴。平台的主动让利，进一步增加了他的店面销售利润，培养了消费者的支付和消费习惯。

当然，在下沉市场，微信给商家提供的服务远不止于此，而是拥有了一套体系化的扶持政策。例如，2020年6月，微信支付发布了"全国小店烟火计划"，在线下线上一体化、福利补贴、商家教育指南、物料营销支持方面为所有微信支付小商家提供支持。88智慧生活日开放的一些新功能，我们可以理解为微信商家服务计划的其中一个环节。

美团外卖助力街边小店逆势增长

接着上一篇，我继续和大家分享山西太原走访经历。

随着走访的深入，我越发感受到，在后疫情时代，像BAT（B指百度、A指阿里巴巴、T指腾讯）、美团这种大平台能够发挥的价值越来越大，并且不断纵深到城市功能的毛细血管，为消费复苏和经济复兴提供了极大的助力。

在走访中，我注意到一家深藏在小井峪的"果然好沾串"餐饮店。这家小店借助美团的平台价值，大大提升了获客能力。每天通过美团能接到50单以上，单日流水达到1000元左右。（这家店的沾串真的很好吃，我一个人吃了100串。）店主康女士告诉我，小店在最近几个月恢复了元气，并且交易额超过了去年同期。生意的向好，激发了店主的雄心壮志，她和我展望了连锁经营的前景。

"果然好沾串"餐饮店

店主康女士很健谈，还和我讨论了美团补贴策略、商家服务、平台客服机制改善等话题。

我在想，互联网平台给毛细血管（街边商家）带来的价值，有时候不仅仅是简单的引流获客、增加收入，无形中也帮助这个群体塑造了数字化的思维，带动他们加速拥抱互联网、拥抱未来。

从某种程度上来说，美团推出"美团大学"的初衷，就在于此吧。

助力街边小店逆势增长，为什么是美团

"果然好沾串"餐饮店的逆势增长并不是个例，美团大数据显示，尽管受到疫情冲击，小店经济仍在数字化助力下实现V形复苏，2020年6月，全国服务业小店的消费复苏率实现稳步增长，相较于疫情较为严重的2月增长3.3倍。

助力街边小店逆势增长，为什么是美团？简单来说，美团平台拥有全国数量最多的"吃客"和数量最多的商家，美团只要能够把二者高效地进行连接，就能创造出惊人的价值。

我之前在《美团完成food平台闭环构建》一文中，已经提到过美团通过技术体系构建的平台优势，所建立的竞争优势，这里不再赘述，我们重点聊聊疫情以来美团的动作。美团做了很多事情，保障运力、保障供应。

2020年2月26日，美团发布"春风行动"，在开源节流、安全保障、供应链服务、现金流支撑和外卖复工等方面，用互联网平台的数字化力量，为商户提供精准有效的助益。"春风行动"上线一周，全国就有超过25万商户通过流量卡、代金券等形式获得帮扶，获得扶持的现有商户平均营业额增幅超过80%。

5月26日，美团启动"春风行动"百万小店计划，推出线上化

运营、优惠贷款、安心消费、供应链服务、针对性培训等举措来帮扶平台小店。

7月23日，美团月付宣布启动预计总额50亿元的提额计划，凡开通美团月付服务的用户，均有机会自动获得几百元至一两千元不等的提额。此举旨在满足用户日益旺盛的信用消费需求，带动用户消费热情，助推餐饮、休闲娱乐等受疫情冲击较大的本地生活行业加速回暖。

这些系列的帮扶活动与平台固有的优势结合，使美团体系内的商户在疫情之后就实现了难能可贵的增长。

在进一步沟通中，我了解到"果然好沾串"除了美团外卖的独家签约合作以外，还利用美团提供的SaaS软件服务，参与了美团的红包满减等活动，进一步提升了运营效率，获得了订单，并且和消费者实现了良好的往来互动。

非常时期，平台能力越大必然承担更大责任

2020年第一季度，美团的财报出现了罕见的"负增长"。总营收167.5亿元，2019年同期为191.74亿元，同比下降12.6%；经营亏损17亿元，比2019年同期的13亿元扩大了31.6%。

有这样的表现，我们想当然地把原因归结于疫情。然而仅仅是因为疫情吗？我看不是，很大因素在于美团在非常时期做了大量的工作和投入，给平台生态中包括外卖小哥、商家等在内的参与者让利、补贴，提供各类扶持服务，才有了更大幅度的财务数据下降。

美团为什么要这么做？

简单来说，作为行业领先的平台，就应该在非常时期承担起行业责任。而且谁能在这个非常时期持续提供服务和保障供应，

谁就能获得比平时更多的用户信赖和市场份额，获得非常之功。按照当年防控"非典"的经验来看，疫情过后，消费市场将迎来报复性增长，对于在疫情期间持续提供服务保障供应的平台，将会在疫情过后享受到更多的消费红利。

美团进行的一系列比平时更多的付出举措，获得了更大的声誉以及用户（包括B端和C端用户）的青睐。

当然，即便如此，我还是听到了有很多商家抱怨美团的抽佣高，商家盈利艰难。我们的行业还需要通力协作，用较长的一段时间才能实现复苏，达到各方动态平衡。这同样说明了美团还需要提升技术能力，同时要继续扩大规模，用规模效应和技术成本优化来抵销运营成本，给商家更多盈利空间。

亲历黄土高原上的年货节：
老百姓身边的智慧零售

2018年岁末年初，我回吕梁参与了很多富有地方特色的活动，亲历了一场婚礼、赴多个县镇赶集采办年货、走访电商发展情况等。

春节期间，最重要的看点当然是年货节。在山西岚县、方山、兴县、临县等地的走访，让我对年货经济又充满了信心。一方面，电子商务、4G、现代物流高速普及，哪怕在贫困县"网购"也成为时尚；另一方面，传统集市和商超百货依然生生不息，和互联网经济共生，继续服务着我们的大众消费者。

传统集市和现代零售对比

在岚县苏宁易购的走访中，给我留下了最为深刻的印象。在苏宁年货节期间（2019年苏宁易购年货节从1月3日持续到2月12

日），这家开业仅5个月的店面践行"好年货、好价格、好服务"的服务理念，让消费者过一个消费无忧的放心年；同时又联动当地有关部门，建设电商服务中心，起到了连接当地农特产品上下行的作用，成为外界了解岚县的一个窗口。

消费同步：农村和城市平等地享受美好生活

我经常思考一个问题，像苏宁等主流电商平台，他们现阶段大力地布局农村电商，对于我们当地的消费者来说到底有哪些改变？

我总结了一个词汇：消费同步！

之前讲过，因为电商巨头的布局，我们三至六线村镇消费者，也能和城市消费者一样，平等同步地享受到科技对生活带来的改变；也能和城市消费者一样，平等同步地购买到全国各地乃至全球各地的商品；还能和城市消费者一样，平等同步地享受到综合的服务体系。

换句话说，电商平台的存在和渠道下沉，对大城市消费者的改变是"方便与否"，主要价值在于提高了生活品质和效率。而对于我们这种连片特困地区来说，是"有或者没有"的改变，意义更为重大。

苏宁易购门店一角

在与岚县苏宁易购相关负责人聊天中，我对未来也做了一个畅想。现在苏宁易购在当地主要起到的还是商品的下行作用，未来也可以利用苏宁拼购等平台，把岚县一带有名的土豆、小米、红枣等特产上行到各地，让城市消费者便捷地吃到、用到农村的名优特产。

智慧零售：润物细无声但任重道远

在今天，苏宁易购成了"智慧零售"的代名词，苏宁智慧零售理念的落地，打破了空间、时间、终端、场景的限制，得以在2018年取得超预期的成绩，各类门店总数已经超过11000家。

不过就我这段时间走访来看，乡亲们对"智慧零售"甚至"新零售"这种概念并不感兴趣，他们更在乎的还是产品的品质和价格，以及配套的售后服务体系。

当然，苏宁从来没有把工作停留在概念本身，而是让乡亲们在"无感知"的前提下，享受到"智慧零售"概念落地后带来的生活改变。换句话说，前端可能只是简单地扫码支付的行为，而背后涉及的是一整套云服务、物流、供应链体系的高效运行。

润物细无声，智慧零售正在全方位变革我们当下的消费生活和商业社会。然而这依然是一个任重道远的工作，尤其在广大的农村地区，需要改变过往的习惯并且平衡好各方利益，不是一件容易的事情。

正如李克强总理给苏宁的寄语一样，希望苏宁更好运用云平台，彻底打通生产、销售和物流环节，"像孙悟空一样，既能'腾云驾雾'，又能'钻'进消费者心里"，让消费者顺心，促进消费潜力更多释放。

现在看来，苏宁正在加速走进消费者心里，尤其是农村消费者心里。

　　相关数据显示，2018年是山西苏宁大开发的元年，苏宁小店签约逾300家，苏宁零售云加盟店达55家，苏宁易购直营店58家，苏宁红孩子3家，扶贫实训店6家……伴随着开店速度的提升和"智慧零售"理念的加速落地，相信山西的3000万消费者，将极大地享受到科技创新给美好生活带来的升级改变。

双11来到线下

1

每年双11期间，朋友聚会见面总会问"剁手了多少？""买了什么？"

我说我2020年双11买了1万多元，其中8000多元的消费是在线下完成的。

朋友不理解，双11不是阿里巴巴、京东、苏宁、拼多多等在线上搞的活动吗？什么时候，线下商业也参战双11了？

线下商家纷纷开展双11活动

事实上，线下商业参与是这几年双11大促的一个重要特征和趋势，只不过这一两年表现得更明显罢了。

2020年双11前夕，我又赶赴各地走访做选题。就我的实际观察来看，无论是一、二线城市还是四、五线乡镇集市，不管是临街门面还是购物中心里入驻的品牌，或者是各类商超卖场和传统百货，借力双11开展大促已经成为线下商业的经营标配。

公开的数据显示，即便电商发展到今天，对于整个社会商品零售总额的占比也不过26%，线下依然是当下中国消费的主力渠道。这个数据，造就了线下商业玩转双11的无限可能。

2

几年前我就说："电商购物节早已成为全民的购物狂欢节，而电子商务的发展，也将带动整个社会的消费体验升级，从线上延伸至线下实属必然。"

在我看来，双11不该属于某一个公司，也不应该专属于线上，它是市场经济的产物和结晶，不管是线上平台还是线下商铺，不管是先进制造业还是传统行业，都有权利搞双11大促。

不管是双11，还是618、818、双12，都是人人可参与的节日，不应该成为任何一家公司或者机构的专属。

3

很多人不认同我"线下商户正在享受双11红利"的论述。有相当一部分观察人士，依然认为线下和线上是非A即B的零和博弈关系，线上发展必然蚕食线下。

我注意到一篇《对不起，我要给疯狂的双11浇点冷水》，引发了朋友圈不少人的转载和关注。

实际上这几年消亡和倒闭的线下商铺不是死于线上的挤压，而是自身竞争力不足。这种竞争力不足来自思维局限、资金匮乏、人事臃肿等，互联网渠道不应该为此背锅。

线上没有挤压掉线下，反而给线下带来新思路、新工具、新渠道。就我观察到的情况来看，很多线下搞双11的商户，他们也积极地使用微信、支付宝等工具，各种SaaS管理工具也都齐备，包括分享、拼团在内的社交玩法也赋能给了他们，帮助他们引流获客。

某培训班推出双11促销活动

上文提到的我在线下8000多元的消费，就是通过拼团的方式，抢到了两份跆拳道培训机构的全年课程。

所以，干掉线下的不是线上，而是自身。广大线下阵营与其排斥线上，还不如积极拥抱。

我再次强调，双11不是线上的专属，双11不是线上的专属，双11不是线上的专属，重要的事情说三遍！

4

我们有必要探讨一个话题："线下为什么也可以搞双11？"

主要的原因有两点。第一，线下有"体验更佳"的优势；第二，线下有价格优势。

第一点很好理解，一方面，购物不仅仅是消费方式，更是生活方式，去线下购物比线上更有仪式感和体验感。另一方面，线下购物能看得见摸得着，尤其是一些需要试穿、试用、试玩后才决策的产品和服务，线下明显要优于线上。

第二点很多人无法理解，线下怎么反而有价格优势了？有价格优势的不应该是线上吗？

我举个例子，我认识的一个老板，他在线下租了一个30平方米的临街商铺，一年租金10万元，商铺每天可以带来数百个自然客流。如果他的店铺开在线上，虽然10万元的租金省下了，但额外的费用远比线下要多，且不说各种基础服务费和保证金之类的固定开支，就是单纯每天吸引几百人浏览商品，支付给平台的营销费用可能就达到上百数千元。

这虽然只是一个小缩影，但反映了线上开展销售的费用越来越高的事实，最终这部分费用转嫁给谁，答案不言而喻。

我们得客观承认，在电商发展的初期，线上产品的确比线下有价格优势。那个时候开店免费，直通车不贵，各种成本相对来说是低廉的。但经过近十几二十年的发展，电商渐渐成为消费主流趋势，网上卖货的成本越来越大，对于中小品牌来说，搞电商想要赚钱也越来越难。

5

2020年11月11日上午，我看着各大品牌诸如小米、TCL、林氏木业宣发各种数据喜报，隐隐有一种不安，感慨中小商家在双11期间的处境艰难。

线上促销有个短期爆发的效应，这个爆发效应也是一把双刃剑。对于中小品牌来说，他们的履约能力有限，短期波动的订单量，反而弊大于利。

我在接受《南方周末》采访时，关于此部分提了一些观点，内容如下。

"那些小商家连客服都没有几个，如果瞬间进来几万、几十万的订单，可能连订单都发不出去，怎么玩？"丁道师指出，双11发展越往后，对大商家越有利。"每年的排行榜，小米、美的、林氏木业，排在前面的全是知名的一线品牌，中小品牌要想通过双11突围，难度太大了。"

有很多案例可以支撑这个论述。比如某某鸭（一个鸭脖品牌），找知名主播合作直播带货，吸引了大批粉丝下单，短短几分钟时间，销售数万份鸭货套餐，交易额超百万元。看起来数据很喜人，但因为履约能力不足，货没有及时发出，消费者收到货之后出现了锁鲜盒破损、保鲜冰融化，甚至鸭脖变味等情况。最终，这一次大促，不但没有帮助该品牌上升一个台阶，反而伤害到了品牌形象。

对于一些实力不强的品牌，线上如果玩不转，那么真的可以来线下看看机会了。

随着各大电商平台和线下千百万的商铺加入，双11的本质开始发生变化，从早期单纯的价格战转变为关注服务与用户体验的多维度竞争。

第七章

直播带货放光彩

ToB企业试水直播带货

很多朋友都知道，此前我去湖南走访制造企业。从我的观察和当地媒体报道来看，湖南ToB行业正在掀起一股"直播带货"热。

随着走访的深入，我有一种感受：ToB直播已经蔚然成风，并且正在成为制造类企业出海的新标配。

过去几年我走访各地，写了几十篇分析直播电商（直播带货）的文章。

我曾经在晋西北的田间地头，看到当地的农民一边耕种，一边通过快手直播，推销地方农特产品；我曾经走进苏宁的雨花物流基地，开启一场直播，带领网友感受一件商品从下单到出库的流程；我曾经几次赶赴东三省，实地探访穿梭在城市大街小巷的直播一族……

然而，这些都是ToC领域的直播带货。直播带货起于ToC，ToC天然适合直播带货，在主播一片"下单，买它"的叫喊声中，订单如雪片般飘来。

那么，决策交易链条更长的ToB行业，适合直播带货吗？当前如火如荼开展的ToB带货，会是昙花一现还是将成标配呢？

今天我就结合我的走访和思考，来聊聊这个话题。

ToB领域的带"货"，更注重带"品牌"的属性

在湖南山河智能走访时，我看到一排排挖掘机整齐排列，有一个直播团队，正在用流利的英语，向全球各地的网友介绍他们的最新产品和服务。

在一座小土堆上，有一台挖掘机开始作业。直播团队的镜头一转对准了这台挖掘机，跟随镜头发现这竟然是一台无人挖掘机。后来进一步了解才知道，这是全球先进的5G无人挖掘机，可以适用于各类有危险性质的环境，比如泥石流滑坡、危化品现场作业等。

山河智能创始人何清华直播带货

山河智能创始人何清华也饶有兴致地出镜，参与直播。我问了何清华一个问题"ToC领域的直播带货能成功的一个因素在于冲动型的消费，但是ToB领域消费决策和交易过程比较烦琐，时间线会拉得很长，几乎不存在冲动消费。那您怎么看待ToB领域的直播带货转化，您怎么评价它的效果？"

在何清华看来，关于"带货"，Marketing和Sales是有差别

的，我们更注重市场和品牌。在疫情期间，我们通过直播可以进行全方位的展示，比如公司的规模、公司的制造体系、研发人员进展等。的确，因为我们不是卖快消品，设备最便宜的也有十几万元，最贵的几百万元，上千万元，客户的交易决策链条比较长。但如果经常这么展示，我觉得慢慢网上下单的可能性越来越大，而且通过直播的展示，也建立了信誉，建立了品牌，会对客户有潜移默化的影响。

何清华的回答给我的启发很大。在我看来，关于ToB行业，直播带货的这个"货"，不仅仅是可触摸的产品，更是一种产品之外的生产、运营、服务能力的展示和呈现。

疫情期间，客户尤其是海外客户，很关心你的工厂是不是还开着，你的生产计划是不是还能有序开展，乃至你还具不具备饱满的激情等，这些都是他们决策是否和你继续合作的关键所在。

简而言之，ToB行业带货，带的不是可触摸的货品，而是无法衡量的品牌。最终通过品牌的塑造和传递，反馈到销售层面。

数字化大势所趋，直播带货都将成为标配

有人说，山河智能、百宜饲料等企业近期在ToB直播领域动作频频，这是因为疫情期间，不得已而为之。

我倒认为，现在已经没有绝对的传统行业，任何一个行业都需要线上化、数字化、互联网化，这是一个趋势。所以疫情只是起到一个催化作用，无论有没有疫情发生，趋势都不会改变。

其实在疫情之前，直播电商就已经是一个风口，已经在高速地发展，阿里巴巴国际站在2019年就已经开始试水直播。只是因为疫情的出现，加速了ToB直播带货的发展，使得原本需要三五年走过的行业发展路径，现在可能几个月就完成了。

事实上，也的确如此，阿里巴巴网交会开设6000场跨境B2B直播，大受欢迎，带动直播商家日均询盘环比增长93%。阿里巴巴的工作人员告诉我，阿里巴巴国际站推出的直播活动，用户互动率达到了33%，这说明各方都认可了这种模式。ToB直播已经蔚然成风，并且正在成为外贸企业出海的新标配。

现在，阿里巴巴正在将ToB直播打造成一项基础服务，商家主要使用英语，借助阿里巴巴国际站联合达摩院开发的阿里翻译，能翻译成各种语言。并且依托人工智能、机器学习等技术，2020年内，商家将可能直接用中文直播，并实现实时多语言翻译。

可以预计，不管是ToC还是ToB，直播电商这种模式正在成为刚需，在疫情过去之后这种模式还会高速发展，并且成为推动全球电子商务甚至全球新经济继续增长的火车头。

ToB直播带货，要借船出海还是造船出海

就连中国ToB行业最有话语权的阿里巴巴都如此重视ToB端的直播带货，那么在今天我们谈ToB行业的直播带货，不是谈要不要做，而是应该聚焦到"怎么做？"

是啊，ToB直播带货该怎么做呢？要所有环节自己搞，还是拥抱平台，借助平台力量来完善直播带货能力呢？

我举一个例子，如果你的面前有一片海，你是自己造一艘船过去呢，还是乘坐别人的船过去呢？我想答案很明显，99%的人应该借船出海，而非造船出海。

对于我们的中小企业来说，涉足直播带货，就应该想办法利用好大平台的红利，利用大平台提供的工具、流量、渠道，乃至各种活动展览甚至主播资源，将自己固有优势发挥出来就好了，不要想着把控每个环节，心里才有底。

对于大型企业来说，我也建议如此。因为面对这种新兴的机会，大企业不见得有足够的能量迅速地决策部署。

近期，我认识的一家企业告诉我，他们要全盘自己搞，打造独立的App，构建独立的直播服务体系，打通所有交易环节。

零食企业口水娃：
用好腰部主播，一样能出彩

　　"直播带货"是我在下沉市场走访中关注最多的一个主题。到了今天，几乎所有一线的互联网企业，均涉足直播带货业务，进而打开下沉市场局面。

　　口水娃是一家做零食的企业，"吃货们"肯定都听过。这家企业思维一直很超前，大概十年前，就通过阿里系平台做电商了，这两年看到快手的普惠价值，重心向快手倾斜，而且特别看重直播带货模式。2021年口水娃仅仅通过快手一个渠道，目标就要做到5亿～10亿元的销售额。

　　2021年5月底，我从太原出发赶赴苏州口水娃走访，了解这家企业的直播电商生意经。

　　在苏州口水娃总部，我和口水娃的直播负责人谢一凡、汪松节做了沟通，了解到一些情况。

　　为什么要重视直播带货进而重视腰部主播带货，有几个逻辑。

　　一是口水娃有2800个经销商，基本上全国稍微好一点的县城都有布点，有时候一个大县100多万人都做不了10万元销售额，但是一个主播（腰部主播），一个小手机两三个小时就能带来十几万元的交易额。

　　二是知名主播能卖货，但问题是去哪找他们？一开始托朋友找到了一个河北石家庄的网红，他正好在常熟直播卖服装，就找到他试着播了一场，效果不错，16个产品播了17万元销售额，当时复盘的会议上我们就定下来一个长期的总规划，大力发展直播项目，然后一切以直播优先。

三是应用快手普惠准则，抓住腰部主播红利。口水娃做直播带货，很少找头部主播，而是把同样的预算分给10个、20个甚至50个中腰部主播（不给坑位费，以出单为准分佣），经过测算后这种方式综合效果更高效，更能将直播带货形成体系化、常态化工作。

口水娃把直播电商甚至看成二次创业，当作集团最优先战略合作伙伴对待。至于会不会冲突线下固有的经销商体系，口水娃想到了办法：直播有专属产品，和线下不冲突。

目前口水娃累计合作主播超1000个，返场比例超90%，且60%的GMV由这些返场主播贡献。

口水娃直播间

透过口水娃的阶段性成功，可以看出来快手和其他平台本质的区别：快手坚持流量普惠政策，打造了一个大众的、普惠的，尽可能把流量和资源倾斜给更广大的群体的机制，这也是快手一贯的价值观。

通过快手发布的2020年财报也可以看得出来，快手电商主播生态迅速迭代，大量中小电商主播成为带货主力军。

我这次苏州口水娃走访之旅，又一次幸运地得到《中国经营报》的关注。呈现在《中国经营报》的内容如下。

丁道师在进行商家走访时敏锐地发现了零食品牌"口水娃"的改变，此前口水娃在淘宝做电商一直不温不火，开始做直播电商后一炮而红。但口水娃的直播策略并不是把希望寄托在头部大主播上，反而喜欢用腰部主播。"口水娃在工厂自建了直播基地，把几层楼改建成直播间请全国各地的主播到工厂来做直播。"

分散的小主播的带货效率并不比大主播差，如果以100万元请一个头部主播带货1000万元为例，口水娃做了一个实验，把100万元分配给10个或者更多腰部主播，结果实现的销售额大于1000万元。"大主播一次只能带有限的几个商品，但是腰部主播可以讲更多的、品类不同的商品，这种分散式的策略对零售品牌更有效率。"丁道师说。

后来，头部主播纷纷走向低潮。行业的发展印证了口水娃的"腰部主播"策略是极为明智的选择。未来，"纺锤形"的主播结构将逐步形成。

在过去，国内的主播结构组成大概有两种。

一种是淘宝直播模式，过分地依赖头部主播，出现头部主播魔咒，他们攫取大量资源和流量，而数量更多的中小主播生存困难。这种畸形的结构，造成了贫富差距日益扩大，不利于平台发展。

作者手绘直播带货场景图

另一种是快手直播模式，代表企业有快手和拼多多。快手和拼多多平台不会刻意打造头部知名主播，这些平台长期以来坚持普惠的政策，不会让流量集中在头部，而是给更多普通的机构、个人、企业，分配一些差异化的但尽可能精准的流量。

健康的主播生态是怎样的？很简单，就是两头小、中间大的"纺锤形"的主播结构。

近期一系列的政策风向和行业动态，都在于壮大中等收入群体，尽快形成两头小、中间大的"纺锤形"收入结构。

在2022年头部主播魔咒会逐步破除，尾部主播也因为竞争力不足，大部分难以为继。组成行业主体的腰部主播会迎来更优的市场环境和更好的发展。

借力快手，吕梁特产干馍馍走出大山

1

这家名为"学忠"的干馍馍作坊，现在学会了用快手直播带货，打包好的这些包裹都是快手用户下的订单。

"学忠"的干馍馍作坊

干馍馍是吕梁的地方名特产，原料为小麦面，用炭火烤制，具有和胃健脾的功效。我是地道的吕梁人，虽然在外漂泊多年，但日常的早餐依然是"小米粥+干馍馍"，这个习惯保持了几十年。

在吕梁山腹地的三交镇，这种干馍馍作坊还有很多家。就我的走访来看，主要的几家干馍馍作坊，都把快手平台作为标配的经营工具，通过快手将产品推广到全国各地，连接了各地的消费者，一摞摞待发的包裹就是明证。

我和同行朋友说，我们不能简单地把快手理解为一个短视频平台、直播平台或带货平台，它给无数身处五六线的群众带来生活的无限可能。

2

经常有朋友问我，短视频存在的价值是什么？

这是一个很大的问题，价值当然是方方面面的。这个问题，我们回归到吕梁山区这些做烤馍馍的农民。简单来说，有了交通基建和智能手机后，这些身处黄土高原腹地的农产品就有了走出大山的可能；有了快手这种短视频平台后，这种可能就变成了现实。

有朋友说"这只是价值转移"，不是"创造价值"。我说这种理解不对，快手在这个事情上，一端连接了大山以外的城市消费者，他们可能远在几千公里之外；一端连接了田间地头和乡镇作坊，也就是产品的原产地。通过高效的连接，缩短了农特产，尤其是有保鲜需求的农产品的中间流通路径，农民的产品可以卖一个更好的价格，消费者也可以用更低的价格买到更新鲜的产品，这不就是价值创造吗？

另外，没有快手之前，很多农特产品只是在该地有一定知名度，除非是一些特别有名的地方特产，如平遥牛肉、赣南脐橙才有机会走向全国。而现在，任何商品（不局限农产品），不管是粗加工的还是深加工的，无论是否全国闻名，只要一个契机，通过快手连接到"好这一口"的用户，都可以瞬间引爆，成为小爆款。

以吕梁干馍馍特产为例，以前就是小众地方特产美食，现在已然成为网红地方小吃，越来越多的山西以外的消费者，成为这款美食的拥趸。

这种价值的裂变也把农村大量的闲散人员变成新增就业人员，本文提到的干馍馍，虽然目前基本以作坊模式生产，但随便一个作坊就能解决十多人的就业，如果外部的销路能够持续打开，会激活越来越多的作坊，解决很多人的就业问题。

3

这几年，我深刻感受到"短视频"是乡镇互联网最主要的应用之一，获得了群众拥戴。

这是因为相比即时通讯、搜索、互联网音乐等服务，短视频自从加入电商属性后，给无数身处四至六线的普通人带来改变境遇的机会。以快手为例，长期以来坚持普惠的政策，不会让流量集中在头部。所以我们看到了，很多没有背景和资源的企业，网上直播首先就想到了快手。

内蒙古科左后旗巴胡塔苏木党委原书记梁旭滨上快手做直播电商，开播一个多月，卖出去5000多头牛；地方企业阳府井通过快手开展"电商+直播"的试水，7分钟卖了2600单红枣烤馍，半个仓库都被待发包裹堆满了；老农民八哥八嫂，通过快手卖特产黄花菜，每场直播都能有二三十单的销量。

老农民八哥八嫂

这些带货数据显然无法和头部主播媲美，但我认为意义更为重大。因为头部主播数量有限，而老农民八哥八嫂这样的素人全国有千千万万。

互联网最大的价值在于普惠，我们这些人努力奋斗的意义在于让互联网的先进制造、生产、传播能力，普惠给更多的大众。任何关乎普惠价值的平台，都值得我们尊敬。

仅仅快手一个平台，在2019年，就有超过1900万人从快手平台获得了收入，有500多万人来自国家级贫困县。其中，国家级贫困县在快手卖货人数约115万人，年销售总额达到193亿元。通过短视频与直播两项"脱贫法宝"，快手正帮助越来越多的人脱贫致富。

快手在2020年电商交易额接近4000亿元，其中相当一部分商品来自乡村地区的农特产品。

4

有一次，我开车载一位刚刚触网做主播的村民去城里办事。

这位村民满面忧愁，似乎有心事，我便问他缘由。原来他最近看了网上对互联网企业的一些质疑文章，认为他们抢占了线下的生意和市场，迟早会被政策取缔。因此，他作为小主播，还有没有必要再投入精力去经营？

我说这种担忧完全没有必要，自古以来，先进的模式取代落后的模式必然会有一些工种和行业消亡，但也一定会诞生新的更多的需求和行业。人类进入信息时代以来，机器和系统取代了无数人工岗位，但就业人员的比例远比农业社会多。

我们说回互联网行业。以快手为例，它看起来取代或者颠覆了传统的一些企业组织和经营模式，但快手这种新平台，带来的新增销路、新增就业远远大于被取代和淘汰的那些落后产能和模式。所以，我们看到，各地政府对快手都是采取了积极拥抱、热烈欢迎的姿态，不少地方联手快手还成立了直播基地、培训班，过去一年多个省、市、县领导上快手直播带货，也成为中国经济一道亮丽的风景线。

甚至因为快手的助力，还激活了一些省市的区域产业集群，比如临沂的服装产业基地、福建仙游的红木产业基地，这些基地带动的周边就业和产值极为可观。

我之前在《山西吕梁何以打造中国电商扶贫示范市？》一文中也提到，吕梁市委原书记李正印、原市长王立伟等领导在参加完一场活动的开幕仪式后，并没有离去，而是兴致勃勃地巡视了每个网络直播区，为以快手为代表的直播电商加油打气。

对于我们广大网友来说，要客观地看待新生事物的发展。要知道只有不断升级迭代的新模式，才能更好地为群众追求美好生活助力。

透视网红主播忠县"忠城之行"：
"县域文化+短视频"带来的新思考

今天我们来聊一个"电竞网红直播+县域文化经济"的话题。

2019年11月，自带网红气质的重庆忠县，联手国内知名的电竞泛娱乐品牌无锋科技，展开了"无锋公益，忠城之行"公益直播活动。

网红开展公益直播活动

在系列活动中，以"忠文化"为中心，通过柑橘文化体验式走访直播，《烽烟三国》大型山水实景演艺展示，走进"特殊儿童教育"学校等环节，将这座忠义之城迅速传达给了全国网友，忠县"忠义""忠橙""电竞"等城市文旅品牌的标签也被业界所熟知。

在活动进行的同时，忠县人民政府与无锋科技达成了战略合作，并且在县行政中心举行了签约仪式。这说明"忠城之行"由单一的直播活动，升级为双方常态化合作的基础。

可以预计，后续忠县和无锋科技基于电竞泛娱乐层面的合作将全面展开。的确，要联手无锋科技，利用其在网络直播KOL影响力，不断提升"忠橙"区域公用品牌知名度和美誉度。

在我看来，这场引发关注的活动，远远不止一场"活动"那么简单，它所践行的理念和方法论，为网红经济的模式落地、县域文旅新思路的打开、电竞产业的发展等，都留下了太多太多的思考，今天我们就来做一番梳理。

电竞为媒，文化为体，公益为行，构建跨界合作IP新案例

俗话说，跨界产生化学反应，当电竞主播遇上网红气质的忠县，能擦出怎么样的火花？能裂变出来什么新的价值？

无锋科技我们业界都很了解，旗下拥有知名主播，深耕电竞泛娱乐领域多年，具有丰富的电竞直播服务体系能力；忠县作为千年巴文化的发源古地之一，拥有深厚的亟待被挖掘的文化和历史IP。

为了支持活动，无锋科技联合创始人、千万级流量主播几乎全部赶赴忠县，以"直播互动+走访参观+风趣短视频"的方式向全国观众展示忠县特色城市文化，普及了"多彩忠州、人文忠州、忠义忠州"独有的历史文化特色，让忠县城市品牌迅速席卷全国，成为大众口中的热门话题。

双方首次牵手，通过两天一夜的系列直播和公益活动，所打造的"电竞网红直播+县域文化经济"案例，涉及了方方面面。

对于忠县来说，"网红直播+电子竞技"的加持，将忠县城市文化和忠县名企风采、优质特产、景点名胜等迅速打开大众知名度，推广和普及了现代忠县的文化，并且助推全县文旅产业高质量发展。无锋科技CEO吴迪飞也表示未来将加大忠县电竞项目的投入，以红人影响力宣传推广忠县传统文化、企业文化、电竞文化等。

特别要提的是，这次直播活动外，朱一旦等主播还前往当地特殊教育学校，与学生亲切互动。一则《劳力越戴 责任越大》的3分钟短视频，以一位特殊学生的视角，用幽默风趣的风格串联起了朱一旦这两天一夜的直播活动，结尾老师和该学生的手语互动，让网友瞬间泪奔。这条短片刷屏背后，其实就是当红KOL利用自己的影响力，引导社会各方关注"特殊儿童教育"，把更多的爱送给需要的人。

"朱一旦的枯燥生活"视频页面

可以看得出来，双方的跨界合作超脱了一般的"网红KOL+县市文化"传播的范畴，它站在更广阔的未来，代表业界探索数字互联网时代的网红经济和中国传统文化，以及县域经济跨越发展的诸多可能，同时又因为系列公益行动的落地，这场活动上升到了人文关爱的高度。不管对于忠县还是无锋科技来说，这次合作都是前瞻性的，这种合作构建了全新的案例，这种案例可以被打造成范本，供各方学习借鉴。

老树发新芽，千年忠县何以打造县域经济新标杆

在很多人的印象中，忠县只是重庆管辖的一座历史古城，拥有悠久的文化和历史，忠县的橙子很有名，大诗人白居易曾经主政忠县。

事实上，这几年忠县正在秉持供给侧改革的理念，开展跨越发展、转型发展，逐步向外界打造以电竞为核心，多产业协同发展的文旅名片。

虽然地处中国西南，但忠县的思路非常超前。早在2017年3月，重庆忠县就率先打造辐射全国的电竞小镇。当年忠县举行了全国移动电子竞技大赛（CMEG）总决赛，吸引相关企业落户，形成以电竞场馆、电竞学院、电竞孵化园等多业态整合的电竞产业链。

忠县和无锋科技的这次合作，无疑又为忠县加码布局电竞经济写下浓重一笔。

近两年来，忠县大力推进数字产业化、产业数字化，创新发展网络直播、短视频从业者收入结算业务，目前已吸引网红主播个体户690余户在忠县注册落地，开展收入结算2.07亿元，实现税收1455万元。

忠县大力推进的电竞产业生态圈初步形成。这次和无锋科技达成战略合作后，接下来双方将开展一系列高水平、宽领域、深

层次合作，使"诗意山水·忠义之州"焕发新风采、激发新活力、推动新发展。

一切的态势都在表面，忠县正在把电子竞技和网红经济做成大产业，而无锋科技这种拥有丰富电竞娱乐运营经验的企业，将是忠县战略合作的良好合作伙伴，将会持续地对其赋能，带领电竞经济走向发展纵深区。

忠城之行启示录：探索网红经济创新发展

忠城之行虽然只有两天时间，但它的启示意义在于，探索了一种全新的"网红直播+区域发展"的新模式、新思路。那么，为什么做这件事情的是无锋，或者说为什么无锋可以做这件事情？

在我看来，至少包括以下三个层面的逻辑。

一是无锋拥有行业领先的网红资源。

全网第一电竞主播旭旭宝宝是无锋科技的联合创始人，拥有超过千万铁粉。子品牌炫石互娱自成立以来始终位列游戏公会估值排行榜前三位，旗下拥有6000多名百万级粉丝KOL，头部主播横跨斗鱼、Bilibili等主流平台。

这次忠城之行，我们也看到了这些主播倾力参与，极大地在公众层面提升忠县影响力，让忠县品牌迅速在全国范围被认知，在微博、微信朋友圈等平台呈现刷屏之势。

二是无锋构建了电竞泛娱乐的体系。

无锋不仅仅拥有海量的资源，它的价值更在于把这些资源通过成熟化、标准化的运作方式，构建了一套电竞泛娱乐体系。它打通了"网红孵化+网红经纪"的闭环体系，能够不断地适应行业变化来推出相应的业务体系。

这次是来忠县走访直播，如果其他类似的县市有合作需求，可以迅速地复制这种方法论和运营模式。这种不断自我裂变发展的创新力是无锋的核心竞争力。

三是无锋的团队拥有"科技向善"的理念。

以吴迪飞和旭旭宝宝为代表的高管团队，从公司成立以来就没有单纯地把盈利放在首要的位置，更希望站在业界的层面，通过各方合作，不断地输出其在网红孵化和KOL运营领域积累的方法论和体系，赋能行业发展、产业变革。

无锋科技公益直播爱心行动走进校园

本次和忠县的合作中，主播还前往当地特殊教育学校，与学生亲切互动。并且通过旗下的新媒体矩阵，扩大影响力，引导全社会聚焦"特殊儿童教育"领域。活动当天，无锋科技联合忠县人民政府在学校举办捐赠仪式，为学生捐赠衣物及体育用品等物资，帮助学生更好地生活学习。这些举措，都是各方践行"科技向善"理念的具体措施。秉承这样的理念，忠县政府才有了和网红MCN机构合作的缘分，各方的联手将合作价值进一步放大。

参考文献

网络来源文：

1. 苏宁易购官方提供数据。

2. 京东官方提供数据。

3. 金融界资讯：《〈2021快手年度数据报告〉发布：60后爱用表情包，00后爱用周杰伦BGM》，金融界网站，2022年1月26日。

4. 商务部：《商务部有关负责人谈2020年网络零售市场发展情况》，商务部网站，2021年1月23日。

5. 温婧：《国家网信办：农村网民规模达到3.09亿 农村地区互联网普及率达到55.9%》，北青网，2021年3月19日。

6. 周月桂、欧阳静子：《湖南上半年进出口增长13.4% 增幅居全国第三位》，湖南省人民政府门户网站，2020年7月17日。

7. 阿里巴巴官方提供数据。

8. 中规院：《2021中国主要城市通勤监测报告》，规划问道网站，2021年7月24日。

9. 科大讯飞官方提供数据。

10. 中共河北省委、河北省人民政府：《河北雄安新区规划纲要》，中国雄安网，2018年4月21日。

11. 猎户星空官方提供数据。

12. 哈啰出行官方提供数据。

13. 货拉拉官方提供数据。

14. 易牟：《B端站不住，C端没生意，同城货运的囚徒困境》，螳螂财经，2020年5月13日。

15. 拼多多官方提供数据。

16. 国家统计局：《2021年9月份社会消费品零售总额增长4.4%》，国家统计局网站，2021年10月18日。

17. 央视财经：《2017年全国农村网络零售额破万亿元大关同比增长39.1%》，央视财经百家号，2018年10月13日。

18. 《湖南通过"湘消费"微信小程序发放节日福利 可在34万商家使用》，光明网客户端，2020年3月28日。

19. 美团官方提供数据。

20. 快手官方提供数据。

报纸文献：

1. 吴秉泽、王新伟：《我国农村公路总里程超400万公里农村"出行难"成为历史》，《经济日报》2020年10月24日。

2. 王政：《〈"十四五"智能制造发展规划〉发布》，《人民日报》2021年12月29日。